Für meine Kinder
Jasmin, Benjamin und Sarah

Alfred Miller

Für Freunde KOCHEN

Projektleitung und Redaktion: Nikoletta Zambelis | Fotografien: Bernhard Aichner

löwenzahn

Inhalt

Kalte Vorspeisen

Suppen

Warme Vorspeisen

Haupt-speisen

Die Rezepte sind, wenn nicht anders angegeben, für 4 Portionen.

Desserts

Schöneck
VINOTHEK

Einleitung

„Ich will keine Architektur am Teller, ich will Geschmack am Gaumen."

Diesem Leitspruch folgend, verwöhne ich seit nunmehr 10 Jahren meine Gäste im Wirtshaus Schöneck. Zum Jubiläum möchte ich Ihnen einen Einblick in meine Küche und meinen persönlichen Zugang zum Kochen geben. In meinem Kochbuch finden Sie meine liebsten Rezepte, Schöneck-Klassiker genauso wie neue Kreationen.

Unabhängig davon, ob ich in meinem Restaurant oder zu Hause koche, ich koche immer für Freunde. Meine größte Freude ist es, meine Gäste zu verwöhnen und Ihnen etwas Gutes zu tun. Und diese Einstellung begleitet mich Tag für Tag bei der Auswahl der Menüs, dem Einkauf und schließlich auch bei der Zubereitung meiner Gerichte.

Freunde will man überraschen und verwöhnen. Beides möchte ich mit meiner Küche erreichen. Und beides gelingt Ihnen mit meinem Buch auch zu Hause. Sie finden darin bodenständige Rezepte, aber auch ausgefallene Ideen, mit denen Sie Ihre Familie und Gäste beeindrucken. Zur Inspiration habe ich am Ende des Buches Menüvorschläge zusammengestellt, für besondere Gelegenheiten und Feste oder auch für ein romantisches Candle-Light-Dinner.

Wichtige Bestandteile eines guten Essens sind, neben liebevoll ausgesuchten Produkten, selbst zubereitete Saucen und Fonds. Ich werde oft danach gefragt, warum Speisen in meinem Restaurant intensiver und vollmundiger schmecken als anderswo. Das Geheimnis liegt in den selbst gemachten Saucen, Suppen und Fonds. Ich kann nur jedem empfehlen, ein bisschen Zeit in die Vorbereitung dieser Grundzutaten zu investieren. Die Mühe lohnt sich, denn dadurch entsteht der einzigartige Geschmack am Gaumen, den Ihre Gäste lieben werden.

Wer von Ihnen bereits einmal in meinem wunderschönen Wirtshaus Schöneck in Innsbruck zu Gast war, wird festgestellt haben, dass man es schmeckt, wenn für Freunde gekocht wird. Und genau das möchte ich Ihnen mit meinem Buch näherbringen.

In diesem Sinne wünsche ich Ihnen spannende Kocherfahrungen, viel Freude beim Ausprobieren und gemeinsamen Genießen!

Ihr *Alfred Miller*

10 Fragen an **Alfred Miller**

Alfred Miller, seit zehn Jahren Koch und Patron des Wirtshaus Schöneck in Innsbruck, was ist das „Geheimrezept“ Deiner hervorragenden Küche?

Ich denke, dass es in erster Linie die Liebe zu meiner Arbeit und die Freude an meinen Gästen ist, die mich und mein Team immer wieder zu Höchstleistungen ermutigen. Aber natürlich spielen auch Zutaten und die liebevolle Zubereitung eine große Rolle. Sorgfältig gekochte Saucen sind für mich dabei ebenso wichtig wie eine kreative und doch bodenständige Zusammenstellung.

Welche Deiner beruflichen Stationen haben Dich dazu am meisten inspiriert?

Ich habe in jungen Jahren bereits in Spanien, Schweden und in der Schweiz gekocht. Und überall habe ich wertvolle Erfahrungen gesammelt, die ich später auch als Privatkoch in renommierten Häusern umsetzen konnte. Was alle Erfahrungen gemeinsam haben ist, dass man gute Zutaten benötigt und den einzelnen Gerichten ihre Zubereitungszeit geben muss.

„Für Freunde kochen“ – lässt sich das mit dem Anspruch an ein Haubenlokal verbinden?

Mir ist es vor allem wichtig, meine Gäste so richtig zu verwöhnen, ihr Wohlfühlen in den Mittelpunkt zu stellen – sie also wie Freunde zu behandeln. Sie sollen sich bei mir wie zu Hause fühlen. Wenn das Gourmet-Tester auch zu schätzen wissen und mich dafür auszeichnen, freut mich das natürlich auch.

Wolltest Du immer schon ein Haubenlokal betreiben?

Bevor ich das Schöneck umbaute und in Betrieb nahm, kannten mich viele Innsbrucker als Würstl- und Bier-Wirt in der Kantine des Innsbrucker Fußballstadions. Das Schöneck wollte ich danach als Gasthaus für Schnitzel und Braten bekannt machen. Doch meine Gäste wollten es anders, und so kam es auch.

Wie entstehen Deine Menüs und Kreationen?

Ich lasse mich gerne vom Marktangebot inspirieren. Aber auch Dinge, die ich lese oder selber gegessen habe, geben mir einen Impuls, mit dem ich dann unbedingt experimentieren möchte. Das macht das Arbeiten für mein Umfeld zwar nicht immer einfach, weil ich öfter das Programm umstoße. Andererseits ist das eben Kreativität. Wichtig ist mir dabei, eine gewisse Bodenständigkeit der Küche nicht zu verlieren. Ich muss nicht jedem neuen Trend folgen und habe mit meinem Weg wahrscheinlich auch schon manchen Modegag überdauert.

Wie muss ein Essen zubereitet sein, damit es Dir besonders gut schmeckt?

Man muss schmecken, dass es mit Liebe zum Material gekocht wurde, und dass es schmackhaft und bekömmlich gewürzt ist. Eine Knödelsuppe kann mich da genauso begeistern, wenn es eine echte Suppe ist, wie ein Teller Spaghetti mit liebevoll gekochtem Sugo. Und der Teller muss warm sein.

Wie beginnt für Dich ein typischer Arbeitstag?

Mit dem Einkauf und dem Aufstellen der Suppen und Fonds. So haben sie dann Zeit, den ganzen Vormittag zu kochen und den Geschmack zu entwickeln, den sie brauchen. Ganz besonders gefallen mir die Arbeitstage, die mit einem Einkauf am Großmarkt in München beginnen. Selbst wenn ich dafür schon um 5 Uhr auf der Autobahn sein muss, so lasse ich mir diese Inspirationen nicht entgehen.

Wann endet für Dich ein typischer Arbeitstag?

Wenn ich allen meinen Gästen die Hand gegeben habe und mich davon überzeugt habe, dass es allen schmeckt.

Was ist das schönste Kompliment, das man Dir nach einem gelungenen Essen machen kann?

Wenn man den Teller abschleckt (was schon geschehen ist). Oder das, was einer meiner Privatkunden vor Jahren zu mir sagte: „Wir haben vielleicht nicht das größte Haus auf Mallorca, aber dafür den besten Koch.“

Was ist Deine Lieblingsspeise?

Hausmannskost – Bratln, Eintöpfe und Suppen.

Kalte Vorspeisen

Gefüllter Seesaibling

mit buntem Spargelsalat

Seesaibling
600 g Seesaibling
90 g Flusskrebse, in kleine Stücke geschnitten
140 ml Schlagobers
Salz | Pfeffer
Dillspitzen
Cayennepfeffer

Spargelsalat
16 Blätter Babyblattspinat, geputzt
2 getrocknete Tomaten
4 geschmolzene Tomaten *(→ Grundrezept S. 165)*
4 Stangen grüner Spargel
4 Stangen weißer Spargel, geschält und in Stücke geschnitten
8 Stangen wilder Spargel
1 Knoblauchzehe, geschält, fein gehackt
Bohnenkraut, abgerebelt, fein gehackt
Weißweinessig
Olivenöl
Zucker
Salz | Pfeffer
Saft von 1 Zitrone

Deko-Vorschlag
4 Kirschtomaten, gewaschen, geviertelt
4 grüne Mandeln oder ungesalzene, geschälte Pistazien (aus dem Feinkostgeschäft)

Tipp!

Der Seesaibling kann schon sehr gut am Vortag zubereitet und kühl aufbewahrt werden. Das Abschrecken im Eiswasser ist dennoch erforderlich, da dies den Garprozess stoppt und so das Austrocknen des Fisches verhindert.

Für die Fülle werden die Abschnitte des Seesaiblings mit dem Obers zu einer Farce püriert, die Flusskrebse dazugemischt und alles mit Salz, Pfeffer, Cayennepfeffer und Dillspitzen abgeschmeckt.

Den Seesaibling filetieren, die Gräten ziehen und die Farce auf die Filets streichen. Die Filets zusammenklappen, in eine mit Klarsichtfolie belegte Alufolie einwickeln und an den Enden wie ein Bonbon zudrehen. In 80 °C heißem Wasser wird der Saibling nun je nach Dicke 15–20 Minuten pochiert (die Farce soll fest und der Fisch glasig sein). Wenn der Fisch aus dem Wasser genommen wurde, schrecke ich ihn, noch in der Folie, in Eiswasser ab. Nun wird er vorsichtig aus der Folie gewickelt und in ca. 2 cm dicke Scheiben geschnitten.

Für den Salat mariniere ich die weißen Spargelstücke roh in einer Mischung aus Zitronensaft und Öl für ca. 2 Stunden. Währenddessen werden grüner und wilder Spargel in leicht gesalzenem Wasser blanchiert. Die Marinade der weißen Spargel (Spargel herausnehmen) wird nun mit Weißweinessig, Salz, Pfeffer, Knoblauch, Bohnenkraut und etwas Zucker verfeinert. Die rohen Spinatblätter und die getrockneten Tomaten werden kurz in die Marinade gelegt. Die getrockneten Tomaten saugen sich gut an und können in kleine Würfel geschnitten werden, die Spinatblätter bleiben ganz. Alle Zutaten werden nun hübsch auf einem Teller angerichtet.

Grüner Veltliner
Alte Reben Weinrieder

Thermometer

Ich versuche nach Möglichkeit, mit einfachen Methoden zu kochen und nicht allzu viel Werkzeug zu benötigen. Ein unverzichtbares Instrument ist mir jedoch das Küchenthermometer geworden. In vielen Jahren habe ich die Erfahrung gemacht, dass Kochen nicht gleich Kochen ist und manchen Speisen eine sanfte Temperatur von z.B. 80 °C zuträglicher ist.

Flusskrebse

mit Perlgraupen und Wurzelgemüse

Flusskrebse
16 Flusskrebse, lebend
Salz
etwas Butter
1 Thymianzweig, ganz

Perlgraupen
4 EL Perlgraupen
Paprikaöl
Tomatenessig

Wurzelgemüse und Kartoffelwürfel
Wurzelgemüse
(1 mittlere Karotte und in selber Menge Sellerie, Lauch – grüner Teil), in dünne Streifen geschnitten
3 kleine Kartoffeln, in kleine Würfel geschnitten
Salz | weißer Pfeffer
Butter
Zucker
Olivenöl
Apfelessig
Kernöl

Speckfond (je nach Geschmack)
1/2 l Hühnersuppe
100 g Südtiroler Bauchspeck, in kleine Würfel geschnitten
80 g Butter
1 TL schwarze Pfefferkörner

Zum Anrichten

Meerrettichmousse
50 g Meerrettich (Kren)
300 ml Schlagobers
2 Blatt Gelatine
Abrieb von 1/2 Zitrone
1 Msp. Wasabi
2 cl Portwein, weiß
2 cl Noilly Prat
Salz | weißer Pfeffer

Die Flusskrebse werden in leicht gesalzenem, kochendem Wasser für 2 Minuten gekocht, sofort herausgenommen und in eiskaltem Wasser abgeschreckt. Anschließend breche ich die Schwänze und größeren Scheren aus, entferne die Därme und halte das Krebsfleisch in lauwarmer Butter mit Thymian warm.

Die Perlgraupen werden über Nacht in Wasser eingeweicht und in neuem, leicht gesalzenem Wasser bissfest gekocht. Dann schmecke ich sie mit Paprikaöl und Tomatenessig wie einen Salat leicht ab.

Das Wurzelgemüse blanchiere ich in Salzwasser mit etwas Butter und Zucker bis es bissfest ist. Nach dem Abseihen wird es in kaltem Wasser abgeschreckt und auf einem Blatt Küchenrolle trocken gelegt.

Die Kartoffelwürfel werden roh in Olivenöl gebraten und erst danach gesalzen. Gemeinsam mit dem Gemüse schmecke ich sie mit Apfelessig und Kernöl leicht ab.

Je nach Geschmack kann noch etwas Speckfond dazugefügt werden: Dazu werden die Speckwürfel und Pfefferkörner mit Hühnersuppe (oder Wasser) aufgegossen und kochend auf die Hälfte einreduziert. Nach dem Abseihen montiere ich den Fond mit kalter Butter und schlage ihn mit dem Pürierstab schaumig.

Für die Meerrettichmousse wird Kren frisch gerieben, mit Wasabi vermischt und vorsichtig mit dem geschlagenen Obers vermengt. Nachdem ich Noilly Prat und Portwein zum Sieden gebracht habe, würze ich mit Salz und weißem Pfeffer und löse die Gelatine darin auf. Der Topf wird vom Herd genommen und ein Löffel Obers vorsichtig in die Flüssigkeit untergerührt. Nun kann man die Flüssigkeit vorsichtig in das Obers rühren, gibt den Zitronenabrieb dazu und stellt die Masse in einer Schüssel 2–3 Stunden kalt. Mit einem heißen Esslöffel steche ich nun Mousseböllchen aus und richte sie neben den Flusskrebsen an.

Riesling Bockgärten
Weinrieder

Oktopussalat
mit Kartoffeln

Tintenfisch
1 Tintenfisch (ca. 1 kg), gesäubert
(2 Rotweinkorken)
2 ganze Lorbeerblätter, frisch
1 kleine Zwiebel, geviertelt
1 Prise Salz
1/2 TL schwarze Pfefferkörner, ganz
Saft von 1 Zitrone

Kartoffeln
300 g speckige Kartoffeln
4 EL Vinaigrette

Zum Anrichten
Vinaigrette
1 TL kleine Kapern, fein gehackt
15 g schwarze Oliven, fein gehackt
20 g getrocknete Tomaten, fein gehackt
Salz | Pfeffer aus der Mühle
2 EL gutes Olivenöl
1 EL Weißweinessig

Deko-Vorschlag
Kirschtomaten

Tipp!
Den Hinweis, mit dem Tintenfisch 1–2 Rotweinkorken mitzukochen, gebe ich Ihnen schmunzelnd, denn tatsächlich gibt es keinen Beweis für die weichmachende Wirkung dieser Methode. Vielleicht hilft auch hier einfach der Glaube. Egal, wie Sie sich entscheiden, auf keinen Fall sollten Sie Plastikkorken verwenden.

Der Tintenfisch wird im Ganzen in einem großen Topf mit kaltem Wasser zugestellt und aufgekocht. Mit den Zwiebelvierteln, Lorbeerblättern, Salz und Pfefferkörnern wird er ca. 45–60 Minuten in leicht wallendem Wasser gegart, bis er weich ist.

Inzwischen kochen die ungeschälten Kartoffeln in Salzwasser. Nach dem Schälen schneide ich sie in 1 cm dicke Scheiben und stelle sie zugedeckt beiseite, damit sie warm bleiben.

Die Saugarme des fertig gekochten Tintenfisches schneide ich in 2 cm lange Scheiben, das Mittelstück in 1 cm breite Streifen. In einer Schüssel mariniere ich die Oktopusstücke kurz mit dem Zitronensaft, gebe die warmen Kartoffelscheiben dazu und würze mit Salz und Pfeffer.

Für die Vinaigrette verrühre ich alle Zutaten miteinander, lasse sie kurz ziehen und träufle sie erst auf dem Teller mit einem Löffel über die Tintenfisch- und Kartoffelscheiben. Das Gericht soll noch lauwarm serviert werden.

Chardonnay
Lores Reinisch

Saibling

mit Zwiebelsalat und Gemüsetartar

Saibling
4 Saiblingsfilets

Gemüsetartar
4 mittelgroße Artischocken
4 Brokkoliröschen
2 mittelgroße Karotten
Salz | Pfeffer aus der Mühle
etwas Zitronensaft
Olivenöl
weißer Balsamico Essig

Zwiebelsalat
3 weiße Zwiebeln, klein geschnitten
etwas Olivenöl
1/4 l Kalbsfond (→ *Grundrezept S. 162)*
1 Lorbeerblatt
3 Wacholderbeeren
Weißweinessig
Salz | Pfeffer aus der Mühle

Zum Anrichten
Kerbelvinaigrette
1 Schalotte, fein gehackt
1 Bund frischer Kerbel, fein gehackt
1 EL Mandelblätter,
geröstet und fein gehackt
40 ml Balsamico Essig
100 ml Olivenöl
Salz | Pfeffer aus der Mühle
etwas Limettensaft

Deko-Vorschlag
Rohnenchips

Ich beginne hier mit dem Zwiebelsalat, indem ich die Zwiebeln in Olivenöl farblos anschwitze, mit Kalbsfond ablösche und Lorbeerblatt und Wacholderbeeren dazugebe. Mit Essig, Salz und Pfeffer schmecke ich die Zwiebeln ab und lasse den Sud so lange einreduzieren, bis die Zwiebeln bissfest sind.

Nun werden die Saiblingsfilets flach auf ein Blech gelegt und mit dem heißen Zwiebelsud bedeckt. Mit einer Folie decke ich das Gericht ab und lasse es ca. 20 Minuten ziehen.

Für das Gemüsetartar entferne ich von den Artischocken die äußeren Blätter und Stiel und koche sie in gesalzenem Zitronenwasser. Das restliche Gemüse wird blanchiert, in Eiswasser abgeschreckt und fein gehackt.

Für die Kerbelvinaigrette vermische ich alle Zutaten und schmecke damit das Gemüse fein ab.

Für die Rohnenchips geschälte, hauchdünn geschnittene Rohnenscheiben auf einer Silikonmatte auflegen, mit etwas Staubzucker bestreuen und bei 50 °C über Nacht im Backrohr trocknen lassen.

Tipp!
Für das Gemüsetartar können Sie, je nach Saison, auch jede andere Gemüsesorte verwenden, die sich dazu eignet, nach dem Kochen fein gehackt zu werden.

Grüner Veltliner
Thal Hiedler

Pfeffer aus der Mühle

Wer sich einmal angewöhnt hat, Pfeffer aus der Mühle zu verwenden, wird nie wieder auf das geriebene Produkt zurückgreifen. Der Duft und Geschmack von frisch gemahlenem Pfeffer lässt sich einfach nicht ersetzen.

Hummersalat

mit Pak Choi, Mango, Melone und Ingwerdressing

Hummersalat
2 Hummer à 550 g, ganz
Olivenöl
1 reife Mango
1 kleine Wassermelone
4 Köpfe Mini-Pak Choi (asiatischer Kohl)

Ingwerdressing
50 g frischer Ingwer
1 Stange Zitronengras
2 Schalotten
1/4 Chilischote, entkernt
2 EL Tomatenessig
1 EL Chili-Öl
1 EL Ahornsirup
1 EL Mirin-Reiswein
1 EL Olivenöl

Tipp!

Sollten Sie für das Dressing nicht alle Bestandteile zur Hand haben, so lässt sich auch mit haushaltsüblichem Essig und Öl eine feine Marinade zaubern. Statt des Ahornsirups kann ein nicht allzu süßer Honig verwendet werden. Die Anschaffung des Reisweines lohnt sich jedoch, da er sich lange hält und auch für andere asiatische Gerichte nützlich ist. Pak Choi erhalten Sie beinahe in jedem Geschäft, das eine Asien-Ecke hat. Ansonsten lässt er sich gut durch Mangold ersetzen.

Der lebende Hummer wird mit dem Kopf voraus im sprudelnden Wasser 4 Minuten gekocht, kalt abgeschreckt und ausgelöst. Das Fleisch aus dem Schwanz schneide ich in ca. 2 cm dicke Scheiben.

Die Pak Choi-Köpfe umwickle ich an den langen, grünen Blättern mit Alufolie, blanchiere zuerst die Knollenseite in heißem Wasser (für ca. 4 Minuten). Dann nehme ich die Folie ab und blanchiere das gesamte Gemüse fertig, bevor ich es in Eiswasser abschrecke und der Länge nach halbiere.

Von der geschälten Wassermelone schneide ich aus 2 cm dicken Scheiben 8 Rauten, die ich in der Grillpfanne bei großer Hitze auf beiden Seiten anbrate, bis sich das dunkle Muster der Pfanne abbildet. Erst nach dem Herausnehmen wird die Melone gesalzen und gepfeffert.

Die Hälfte der geschälten Mango wird in kleine Würfel geschnitten, die andere Hälfte in Rauten.

Pak Choi, Melone und Mango werden am Teller angerichtet, die Hummerstücke noch einmal kurz im warmen Olivenöl geschwenkt und schön auf dem Salat drapiert. Zuletzt beträufle ich alles mit dem Ingwerdressing.

Für das Dressing werden Ingwer, das Innere einer Stange Zitronengras (oben den grünen Teil und unten ca. 1 cm weg schneiden) und Schalotten ganz fein gehackt und im Verhältnis 2:1 (2 Teile Schalotten – 1 Teil Ingwer und Zitronengras) vermischt. Die Chilischote blanchiere ich kurz, schrecke sie in Eiswasser ab und füge sie fein gehackt dazu. In wenig Olivenöl wird alles kurz gedünstet und mit Tomatenessig, Chili-Öl, Ahornsirup und Reiswein vermischt. Eventuell muss noch nachgesalzen werden.

Chardonnay
Lores Reinisch

Schwertfisch und Ibericoschwein

mit Kräutersalat

Schwertfisch und Ibericoschwein
1/2 kg Ibericoschwein (ausgelöstes Karree), ganz
250 g geräucherter Schwertfisch, ganz
Salz | Pfeffer aus der Mühle
etwas Öl

Kräutersalat
125 g Wildkräutersalat
3 Artischocken
2 Schwarzwurzeln, schräg in große Stücke geschnitten
16 Kürbisrauten (1 cm groß, 1/2 cm dick), aus einem rohen Kürbis geschnitten
etwas Zitronensaft
1 kleine Knoblauchzehe, halbiert
2 kleine Thymianzweige, abgerebelt
200 ml Weißwein
etwas Butter
Olivenöl
Salz

Zum Anrichten

Zucchinivinaigrette
1/2 gelbe Zucchini
1/2 grüne Zucchini
8 EL Zitronenöl
4 EL Tomatenessig
4 Zweige Zitronenthymian, gerebelt und sehr fein geschnitten
1 EL konfierter Paprika (→ *Grundrezept S. 164*), fein geschnitten
1 getrocknete Tomate, fein geschnitten
Salz | Pfeffer aus der Mühle

Deko-Vorschlag
frittierte Kirschtomaten, ganz

Das Schweinskarree wird leicht gesalzen und gepfeffert, rundum angebraten und bei 70 °C im Ofen ca. 1 Stunde fertig gegart. *Achtung: auf die Fettseite legen!*

Von den Artischocken entferne ich die äußeren Blätter, schneide den Stiel schön zu, schneide die Spitze ab, entferne den Artischockenbart und zerteile sie der Länge nach in Viertel, die ich in Zitronenwasser einlege (um Verfärbung zu verhindern). In heißem Olivenöl werden sie angeschwitzt, Knoblauch und Thymian dazugegeben und mit Weißwein abgelöscht. Zugedeckt lasse ich sie nun ca. 5 Minuten dünsten, bis sie weich, aber noch knackig sind.

Die Kürbisrauten werden in heißem Olivenöl angeschwitzt und zum Auskühlen beiseite gestellt. Die Schwarzwurzeln blanchiere ich in Salzwasser mit etwas Butter und lasse sie ebenfalls auskühlen. Gemeinsam mit dem Wildkräutersalat wird nun alles hübsch auf einem Teller angerichtet.

Für die Vinaigrette werden die Zucchini in sehr kleine Würfel geschnitten und in Olivenöl goldgelb gebraten. Alle Zutaten werden nun miteinander vermischt und zum Schuss noch einmal fein abgeschmeckt.

Schwein und Schwertfisch schneide ich nun mit der Schneidemaschine in sehr dünne Scheiben, die ich rund um den Salat anrichte und beträufle alles mit der Zucchinivinaigrette.

Tipp!

Das schwarze Ibericoschwein ist ein ursprünglich in Spanien beheimatetes Wildschwein. Die Tiere leben das ganze Jahr im Freien und ernähren sich hauptsächlich von Eicheln. Das Fleisch ist daher ganz besonders zart, marmoriert und schmackhaft und Sie benötigen dafür keine zusätzlichen Gewürze.

Riesling Bockgärten
Weinrieder

Ochsenschleppterrine

mit Baby-Leaf-Salat und Roquefort-Creme

Ochsenschleppterrine
für die Grundzubereitung
→ Ochsenschleppragout S. 108
2 Handvoll kleine Pfifferlinge, geputzt
3 Blatt Gelatine
1 Thymianzweig
Salz | Pfeffer aus der Mühle

Salat
60 g Baby-Leaf Mix
1 EL Macadamianüsse, gehackt
4 EL Himbeeressig
3 EL Sonnenblumenöl
Salz | Pfeffer aus der Mühle
8 Kapernbeeren, halbiert
8 Kirschtomaten, halbiert

Zum Anrichten
Roquefort-Creme
2 EL Mayonnaise *(→ Grundrezept S. 166)*
1 EL Dijonsenf
1 EL süßer Senf
1 TL Honig
50 g Roquefort-Käse

Tipp!

Die Terrine können Sie schon sehr gut am Vortag vorbereiten. Zum einen muss sie gut durchkühlen. Zum anderen sparen Sie sich am Tag des Menüs wertvolle Zeit.

Nachdem ich das Ragout zubereitet habe, seihe ich die Schmorflüssigkeit ab und reduziere sie am Herd weiter ein. Das ausgelöste Fleisch lasse ich so lange in der Reduktion köcheln, bis eine sämige Masse entsteht, und gebe dann den abgerebelten Thymian dazu. Die in kaltem Wasser eingeweichte Gelatine wird ausgedrückt und in der heißen Masse gut verrührt. Zuletzt lasse ich die Pfifferlinge darin warm werden, würze gut mit Salz und Pfeffer und fülle die Masse in eine Terrinenform. Am besten presst man sie mit einer Klarsichtfolie an und beschwert sie gut. Die Terrine muss nun einige Stunden kalt gestellt werden, bevor sie gestürzt und mit der Aufschnittmaschine in dünne Scheiben geschnitten werden kann.

Für den Salat bereite ich eine Marinade aus den Nüssen, Essig, Öl, Salz und Pfeffer zu. Die gewaschenen und trockengeschleuderten Salatblätter mariniere ich kurz darin, nehme sie wieder heraus und richte sie mit den Kapernbeeren und den Kirschtomaten an.

Für die Roquefort-Creme presse ich den Käse (dieser sollte bevorzugt Raumtemperatur haben) durch eine große Knoblauchpresse und vermische ihn mit der Senf-Honig-Mischung zu einer feinen Masse. Eventuell muss man hier noch mit dem Pürierstab nachhelfen. Zuletzt hebe ich die Mayonnaise unter und richte die Creme mit einem Spritzbeutel schön am Tellerrand an.

Chardonnay
Lores Reinisch

Roastbeef

mit Oliven- und Tomaten-Paprika-Vinaigrette

Roastbeef
1.2 kg Tafelspitz oder Entrecôte
Salz | Pfeffer aus der Mühle

Olivenvinaigrette
12 schwarze Oliven (entkernt), fein gehackt
1 TL Kapern, fein gehackt
2 getrocknete, eingelegte Tomaten, fein gehackt
2 EL Balsamico Essig
2 EL Olivenöl
1 EL Wasser
Salz | Pfeffer aus der Mühle
Petersilie, fein gehackt
Kerbel, fein gehackt
Oregano, fein gehackt
Thymian, fein gehackt

Zum Anrichten
Tomaten-Paprika-Vinaigrette
1 Teil konfierter Paprika (→ *Grundrezept S. 164*), fein gehackt
1 Teil getrocknete, eingelegte Tomaten, fein gehackt
2 Teile Schalotten, fein gehackt
Olivenöl
Salz | Pfeffer aus der Mühle
Zitronensaft
Tomatenessig
8 Kirschtomaten als Garnitur

Deko-Vorschlag
Kartoffelgitter
1 große Kartoffel
Öl zum Frittieren
Salz

Das Fleisch wird vor dem Anbraten lediglich mit Salz gewürzt (Pfeffer könnte leicht verbrennen) und von allen Seiten scharf angebraten. Erst jetzt würze ich das Fleisch mit Pfeffer. Im selben Bräter lasse ich es dann bei 85 °C ca. 1 ½ Stunden im Rohr garen. Wenn es auskühlt ist, lässt es sich gut in dünne Scheiben schneiden.

Für beiderlei Vinaigretten werden die Zutaten gut vermischt. Die Olivenvinaigrette wird über die schön angerichteten Fleischscheiben geträufelt, die Tomaten-Paprika-Vinaigrette tropfe ich als „Hingucker" an den Tellerrand.

Für das Kartoffelgitter wird die rohe Kartoffel geschält und in dünne Gitter gehobelt (oder je nach vorhandenem Werkzeug in dünne Scheiben). Ich lasse dann die Gitter ca. ½ Stunde in kaltem Wasser liegen, tupfe sie sehr gut trocken und frittiere sie in heißem Öl. Erst nach dem Abtropfen auf Küchenpapier salze ich die Gitter.

Tipp!

Wenn Sie das Roastbeef bei dieser Temperatur zubereiten, bleibt es in der Mitte schön rosa. Es hält sich auch gut über einige Tage und lässt sich z.B. mit einer Remouladensauce (→ Rezept Gebackene Steinpilze mit Kartoffelsalat und Remouladensauce) als eine neue Speise servieren. Ganz besonders raffiniert wird auch ein Gröstl, das Sie mit Resten des Roastbeefs zubereiten können.

Merlot
Pfneisl

Gepökelter Kalbszungensalat

mit lauwarmer Kräutervinaigrette auf Gurkensalat

Kalbszunge
1 Kalbszunge, ganz
300 g Wurzelgemüse (Karotten, Sellerie, Lauch), grob geschnitten
etwas Salz

Gurkensalat
1 Salatgurke

Zum Anrichten

Kräutervinaigrette
1 EL Schnittlauch, Dill, Petersilie, Kerbel, fein gehackt
2 EL weißer Balsamico Essig
4 EL Olivenöl
Salz | Pfeffer aus der Mühle

Deko-Vorschlag
Kirschtomaten, geviertelt
Kürbiskerne, gehackt
hauchdünne Streifen von frischem Meerrettich

Die Kalbszunge wird in kochendem Salzwasser mit dem Wurzelgemüse gekocht, bis sie bei der Gabelprobe an der dicksten Stelle leicht von der Gabel rutscht. Dann schrecke ich sie im kalten Wasser ab und schäle sie. Vor dem Anrichten wird sie in Scheiben von ca. ½ cm Dicke geschnitten.

Die geschälte Gurke schneide ich rund um das Kerngehäuse mit dem Kartoffelschäler in dünne, lange Streifen, die am Teller hübsch angerichtet werden.

Für die Kräutervinaigrette erwärme ich Olivenöl und lasse alle anderen Zutaten darin etwas ziehen.

Nach dem Dekorieren mit Tomatenstücken und Kürbiskernen werden die Zungenscheiben darauf angerichtet und alles mit der Vinaigrette beträufelt. Zuletzt gebe ich noch ein paar Streifen Meerrettich auf die Zunge.

Tipp!

Für jegliche Salatsauce empfehle ich Ihnen, die Kräuter erst ganz zum Schluss dazuzugeben, da der Essig den Kräutern die Farbe entzieht und sie unansehnlich grau machen kann.

Blaufränkisch
Vitikult Lang

Teuerstes Gelee zur Gänseleber

Mein exquisitestes Gelee zu einer Gänseleber durfte ich aus einer Flasche Château Yquem zubereiten. Dies ist einer der teuersten Süßweine, die es gibt, den ich kurzerhand mit fünf Blatt Gelatine in ein Gelee verwandelt habe.

Gefüllte Gänselebertorte

mit Apfel-Pistazien-Tartar

Gänselebertorte
1 Gänseleber à ca. 800 g
2 TL Salz
1 Prise Muskatnuss
1 gestrichener TL Quatre-épices (Viergewürz aus dem Feinkostgeschäft)
10 Dörrpflaumen
100 g Orangeat, klein gehackt
100 ml Süßwein
200 ml Noilly Prat
20 ml Rotwein
20 ml alter Portwein, rot

Apfel-Pistazien-Tartar
1 Schuss Süßwein
2 saure Äpfel, entkernt und in kleine Würfel geschnitten (mit Schale)
1 EL gehackte Pistazien

Zum Anrichten
4 Scheiben Malzbrot oder dunkles Wurzelbrot
etwas Butter zum Anrösten

Deko-Vorschlag
1 Zweig Minze

Tipp!

Da die Gänseleberterrine durchkühlen muss, kann man sie schon sehr gut am Vortag zubereiten und über Nacht im Kühlschrank rasten lassen.

Für die Terrine häute ich die Gänseleber, halbiere sie und ziehe die groben Adern heraus. Daraus ergeben sich grobe Stücke, die ich mit Salz, Portwein, Rotwein, Noilly Prat, Muskatnuss und Quatre-épices mariniere. Nachdem die Masse 2–3 Stunden gekühlt ziehen konnte, passiere ich sie durch ein feines Sieb (die Masse sollte dazu Zimmertemperatur haben).

Während der Kühlzeit habe ich Dörrpflaumen und Orangeat vorbereitet: Orangeat wird mit Süßwein in der Pfanne erhitzt und kalt gestellt, die Dörrpflaumen werden entkernt und blanchiert.

In einer Tortenspringform schichte ich nun Leber – Pflaumen – Leber – Orangeat – Leber – Pflaumen. Jede einzelne Schicht muss gut angepresst werden. Mit einer Schicht Leber schließe ich ab. Die Form wird nun mit einer Klarsichtfolie bedeckt, mit einem schweren Teller o.ä. beschwert und mindestens ½ Tag kühl gestellt. In Tortenstücke geschnitten wird die Leber schön angerichtet.

Für das Tartar koche ich die Apfelwürfel mit Süßwein, auf, bis die Flüssigkeit verdampft ist. Mit den hinzugefügten Pistazien soll die Masse gut abkühlen, damit ich dann mit einem Löffel Nockerln formen kann.

Mit in Butter getoastetem Malzbrot (oder dunklem Wurzelbrot) servieren.

Weißer Riesling
Auslese Leitner

Kaninchenkeule auf Serviettenknödelcarpaccio

mit Orangen-Tomaten-Chutney

Kaninchenkeule
4 Kaninchenkeulen, hohl ausgelöst
4 Vakuumsackerln (aus dem Küchenbedarf)

Für die Fülle
2 Zweige Thymian, fein gehackt
2 Zweige Rosmarin, fein gehackt
4 Salbeiblätter, fein gehackt

Für die Zubereitung
1 Zweig Thymian, ganz
1 Zweig Rosmarin, ganz
Salz | Pfeffer aus der Mühle
Olivenöl

Orangen-Tomaten-Chutney
→ *Grundrezept S. 166*

Serviettenknödelcarpaccio
1/2 kg Knödelbrot
250 ml Milch
4 ganze Eier
1 EL Petersilie, fein gehackt
2 Schalotten, fein gehackt
Salz, Pfeffer, Muskatnuss
etwas Butter

Deko-Vorschlag
knusprig gebratene Speckwürfel

Tipp!
Die Scheiben des Serviettenknödels können Sie vor dem Anrichten noch einmal in heißer Butter knusprig anbraten.

Die mit Salbei, Thymian und Rosmarin gefüllten Kaninchenkeulen gebe ich, gewürzt mit Olivenöl, Salz, Pfeffer, je 1/4 Thymian- und Rosmarinzweig in einen Vakuumbeutel und vakuumiere sie. Anschließend lasse ich sie im Wasserbad bei 75 °C ca. 10 Minuten ziehen, nehme sie aus dem Beutel und brate sie in Olivenöl rundherum an. (Sollten Sie kein Vakuumiergerät besitzen können Sie die Keulen von beiden Seiten kurz in Olivenöl anbraten und danach für ca. 20 Minuten bei 80 °C mit dem Thymian- und Rosmarinzweig im Ofen garen.) Den Saft aus dem Vakuumierbeutel (bzw. dem Ofen) wärme ich vor dem Servieren noch einmal auf und verwende ihn zum Anrichten.

Für die Serviettenknödel schwitze ich die Schalottenwürfel in warmer Butter leicht an, gieße die Milch zu und lasse sie leicht köcheln, bis die Schalotten weich sind. Die abgekühlte Milch gebe ich zum Knödelbrot und würze mit Salz, Pfeffer, Muskatnuss und der Petersilie. Mit den Eiern gut vermischt lasse ich die Masse nun mindestens 1/2 Stunde ziehen.

Um das Einfetten zu vermeiden, lege ich auf ein Stück Alufolie ein gleich großes Stück Frischhaltefolie, streiche die Masse darauf, wickle das Ganze dicht wie ein Bonbon ein. Dieses lasse ich im Wasserbad ca. 30–35 Minuten kochen. Nach dem Auswickeln wird der Knödel in dünne Scheiben geschnitten.

Merlot
Pfneisl

Rehsulzerl

mit Pilzen und mariniertem Blaukrautsalat

Rehsulzerl
350–450 g Rehrückenfilet
1/2 l Rehfond (→ *Grundrezept S. 162*)
6 Blatt Gelatine
2 Handvoll kleine Pfifferlinge, geputzt
Salz | Pfeffer aus der Mühle
Öl zum Anbraten

Blaukrautsalat
1/2 kleiner Kopf Blaukraut, in dünne Streifen geschnitten
5 EL Orangensaft, nach Möglichkeit frisch gepresst
1/8 l Rotwein
1/16 l Portwein
1 EL Preiselbeerkompott
1 kleiner Sternanis
8 Haselnüsse, klein gehackt

Zusätzliche Marinade
Johannisbeer- oder Preiselbeer-Essig (od. weißer Balsamico)
Olivenöl
Pfeffer aus der Mühle
evtl. noch Salz

Zum Anrichten
entkernte Trauben,
leicht sautierte Pfifferlinge

Haselnusskrokant für den Salat
3 EL Zucker
etwas Wasser
25 g Haselnüsse, ganz

Tipp!

Sie können Haselnusskrokant auch gleich in größerer Menge herstellen, da es sich gut verschlossen und gekühlt sehr lange hält. Es eignet sich als Beilage zu Süßspeisen ebenso wie zu Wild oder anderen Rohkostsalaten.

Das Rehfilet wird gesalzen und gepfeffert, scharf von allen Seiten angebraten und wieder aus der Pfanne genommen. (Sollte es noch zu rosa sein, wickle ich es in Folie und lasse es im Rohr bei 65 °C noch einmal ca. 10–15 Minuten ziehen). Den Bratensatz gieße ich mit Rehfond auf und schmecke den Sud gut mit Salz und Pfeffer ab. Die in kaltem Wasser eingeweichte Gelatine wird ausgedrückt und in den Sud eingerührt. Zuletzt lasse ich die Pfifferlinge kurz mitziehen. Eine passend große Terrine, die mit Frischhaltefolie ausgelegt wird, befülle ich zwei Finger hoch mit dem Sud. Wenn dieser leicht geliert ist, lege ich das Rehfilet vorsichtig darauf und gieße die restliche Consommé darüber. Das Sulzerl kann nun gut über Nacht kalt gestellt werden. Nach dem vorsichtigen Stürzen wird es in 1 cm dicke Scheiben geschnitten.

Für den Salat wird ein kleiner Kopf Blaukraut von den äußeren Blättern befreit und geviertelt. Nachdem der weiße Strunk entfernt wurde, werden die Blätter in feine Streifen geschnitten, die gesalzen und mit den Händen gut durchgearbeitet werden, damit sie mürb und weich werden. Orangensaft, Rotwein, Portwein, Preiselbeeren und Sternanis vermische ich miteinander, lasse den Saft aufkochen und zur Hälfte einreduzieren. Noch warm gieße ich ihn über das Kraut. Je nach Geschmack kann man aus Essig, Öl, Pfeffer und evtl. noch Salz eine zusätzliche Marinade mischen und in den Salat einarbeiten. Die gehackten Haselnüsse mische ich zuletzt unter und richte den Salat hübsch mit entkernten Trauben und sautierten Pfifferlingen an.

Für das Haselnusskrokant wird der Zucker mit etwas Wasser karamellisiert, bis eine schöne Farbe entsteht. Die ganzen Haselnüsse lässt man darin kurz ziehen und breitet anschließend alles auf einem Blech mit Backpapier zum Trocknen aus.

Rubin Carnuntum
Markowitsch

Suppen

Kräftige Lamm-Gemüse-Suppe

mit Lammroulade

Lammsuppe
1 l Lammfond *(→ Grundrezept S. 162)*
1 kleine Handvoll schwarze und weiße Bohnen, eingeweicht
2 Karotten, in kleinen Würfeln
2 gelbe Rüben, in kleinen Würfeln
125 g Kaiserschoten, ganz
1/4 Sellerieknolle, in kleinen Würfeln

Lammroulade
280 g Lammrücken, zugeputzt
8 Blätter Basilikum, ganz
1 TL Kräuter der Provence
Salz | Pfeffer
Bindfaden

Zum Anrichten
Knoblauchbrot

Deko-Vorschlag
Thymianzweig

Gemüse und Bohnen koche ich in Salzwasser bissfest, sie dienen später als Einlage für die Suppe.

Der Lammrücken wird der Länge nach in einem Schmetterlingsschnitt aufgeschnitten und aufgeklappt. Das Fleisch belege ich mit Basilikumblättern, auf die ich die Kräuter der Provence, Salz und Pfeffer streue, und rolle es der Länge nach ein. Die Roulade wird mit einem Bindfaden fixiert und fest in Alufolie eingewickelt. Für ca. 8 Minuten lasse ich sie in 80 °C heißem Wasser ziehen und serviere sie nach dem Auswickeln, in Scheiben geschnitten, in der Suppe. Dazu reiche ich Knoblauchbrot.

St. Laurent
Reinisch

Überbackene Zwiebelsuppe à la Boris

Zwiebelsuppe
1 l Rindsuppe (→ *Grundrezept S. 163*)
400 g rote Zwiebeln, in Streifen geschnitten
1 Knoblauchzehe, klein geschnitten
2 Thymianzweige, abgerebelt
1 Prise Kreuzkümmel
1/8 l trockener Weißwein (oder Sherry)
Salz | Pfeffer aus der Mühle
Öl
etwas Butter

Gratin
2 EL Schlagobers, geschlagen
1 Eidotter
1 Prise Muskat
Salz | Pfeffer aus der Mühle
2 EL Parmesan, gerieben
4 Scheiben Schwarzbrot

Zwiebeln und Knoblauch werden in Öl mit etwas Butter glasig angeschwitzt, mit Wein gelöscht und zugedeckt mit Thymian und Kreuzkümmel so lange geschmort, bis sie fast weich sind. Dann gieße ich sie mit der Rindsuppe auf und lasse sie leise köcheln, bis sie weich sind.

Aus Schlagobers, Eidotter, Muskat, Salz und Pfeffer bereite ich inzwischen einen feinen Schaum zu, in den der Parmesan vorsichtig eingerührt wird. Dieser wird auf die Brotscheiben verteilt, die im Backrohr bei Grillfunktion kurz überbacken werden, bis eine goldige Oberfläche entsteht.

Die Suppe, aufgeteilt auf vier Töpfchen, wird mit den Brotscheiben bedeckt.

Pinot Grigio
Solander

Bier-Brot-Suppe

Suppe
500 g altbackenes Schwarzbrot (oder Graubrot), in Würfel geschnitten
125 g altbackenes Weißbrot, in Würfel geschnitten
1 l helles Bier
5–7 Tassen Geflügelfond *(→ Grundrezept S. 162)*
Abrieb von 1 Zitrone
4 EL Zucker
4 EL Sultaninen, blanchiert
1 Prise Cayennepfeffer

Zum Anrichten
1 Klecks Sauerrahm

Deko-Vorschlag
geröstete Croûtons

Die Brotwürfel lasse ich in der Mischung aus ½ l Bier und 2 Tassen Geflügelfond über Nacht einweichen und drücke die Masse dann durch ein feines Sieb. In einem Topf erhitze ich nun das Brotpüree mit dem restlichen Bier und der Suppe und lasse sie so lange köcheln, bis sie eine sämige Konsistenz erhält. Mit Zitronenabrieb, Zucker, Sultaninen und Cayennepfeffer schmecke ich die Suppe so ab, dass sie süßlich-scharf schmeckt.

Suppe portionieren und mit je einem Klecks Sauerrahm und evtl. einigen gerösteten Croûtons servieren.

Kastanienschaumsupperl

Suppe
150 g Kastanienmehl
80 g Butter
300 g fetter Bauchspeck, in kleine Würfel geschnitten
1 mehlige Kartoffel, geschält und in kleine Würfel geschnitten
50 ml kräftiger Rotwein
3/4 l kräftige Rindsuppe *(→ Grundrezept S. 163)*
150 ml Crème fraîche
1/4 Zimtstange
1 Sternanis
Salz | Pfeffer aus der Mühle

Einlage
Speckwürfel (s.o.)
8 Kastanien, im Rohr gebraten und in Scheiben geschnitten
1 Prise Zimt

Ich beginne damit, die Speckwürfel in einer Pfanne bei mäßiger Hitze auszulassen. Die Speckwürfel werden zur Seite gestellt und später für die Einlage verwendet. In das so gewonnene Fett gebe ich Butter, lasse sie zerlaufen und rühre das Kastanienmehl ein. Nachdem es kurz angeröstet ist, gebe ich die Kartoffelwürfel dazu und gieße mit Suppe und Rotwein auf. Mit Zimt und Sternanis gewürzt lasse ich die Suppe ca. 1/2 Stunde köcheln. Sollte sie dabei zu dick werden, wird mit etwas Suppe nachgegossen. Nun entferne ich die Zimtstange und den Sternanis, würze mit Salz und Pfeffer, gebe die kalte Crème fraîche dazu (nicht mehr kochen) und püriere die Suppe mit dem Mixstab.

Für die Einlage lasse ich die zur Seite gestellten Speckwürfel und die Kastanien kurz anschwitzen und würze mit Zimt.

Tipp!

Wenn Sie den Suppentopf während des Pürierens schräg halten, entsteht der schöne Schaum.

Grüner Veltliner
Thal Hiedler

Gemüse-Bohnen-Suppe

mit Zampone

Suppe
400 g Karotten, klein gewürfelt
2 kleine Zwiebeln, klein gewürfelt
4 Stiele Staudensellerie, klein gewürfelt
4 kleine Knoblauchzehen, geschält und halbiert
4 Fleischtomaten, enthäutet, entkernt und in Stücke geschnitten
200 g kleine Bohnen (weiße und braune) aus der Dose, mit ihrem Wasser
100 g Spitzkohl, in Streifen geschnitten
20 g Bauchspeck, klein gewürfelt
3/4 l heller Hühnerfond
(→ Grundrezept S. 162)
Bohnenkraut frisch abgerebelt
1 Handvoll frische Petersilie, gezupft
ein paar Blätter frischer Borretsch, geschnitten
Olivenöl zum Anbraten

Zampone
4 Scheiben Zampone (aus dem italienischen Delikatessengeschäft) oder Selchfleisch

Zum Anrichten
4 dünne Weißbrotscheiben (nicht allzu frisch)
kleine angeröstete Tomatenwürfel
Olivenöl zum Anbraten

Karotten, Zwiebeln, Sellerie und Knoblauch gebe ich in das kalte Olivenöl in einem großen Topf, erhitze es und schmore das Gemüse bei sanfter Hitze leicht an. Mit den zugefügten Tomaten lasse ich das Gemüse weitere 10 Minuten köcheln. Hühnerfond, Bohnen und Bauchspeck werden dazugegeben und weitere 30 Minuten köcheln gelassen. Zuletzt (kurz vor dem Servieren) füge ich erst den Spitzkohl und die Kräuter hinzu.

Zampone oder Selchfleisch werden im warmen Wasserbad erwärmt und die Scheiben auf vier tiefe Teller verteilt, in denen dann die Suppe angerichtet wird.

Das Weißbrot wird in dünnen Scheiben kurz in Olivenöl angeröstet und gemeinsam mit den Tomatenwürfeln auf die Suppe gegeben. Nach Geschmack können Sie noch mit etwas Olivenöl garnieren.

Tipp!
Diese Suppe eignet sich hervorragend für kalte Winterabende oder als Mitternachtsjause nach einer durchtanzten Ballnacht. Wenn Sie sie als Vorspeise reichen, achten Sie darauf, ein leichtes Hauptgericht zu wählen. Wenn Sie das Gemüse in kaltes Olivenöl geben und erst dann erhitzen, geht das Aroma leichter ins Öl und sorgt für einen volleren Geschmack.

Grüner Veltliner
Alte Reben Weinrieder

Kürbissuppe

mit Zimtcroûtons

Suppe
800 g Muskatkürbis (geputzt 500 g)
Salz
1 l Gemüse- oder Geflügelfond
(→ Grundrezept S.162)
4 EL Butter
1 weiße Zwiebel, klein geschnitten
1/2 Knoblauchzehe, gehackt
1 Karotte, klein geschnitten
1 gelbe Paprika, geschnitten
1/2 Stange Staudensellerie, geschnitten
1 EL Ingwer, frisch gerieben
1 Prise Paprikapulver, edelsüß
1/2 TL Curry
1 Prise getrocknete Chilischoten, zerbröselt
2 EL Ingwersirup (im Asialaden erhältlich)
2 EL Tomatenketchup
Pfeffer aus der Mühle
120 ml Schlagobers
4 EL ungesüßte Kokosmilch
1 Prise Zucker
Salz | Pfeffer aus der Mühle

Zimtcroûtons
2 EL Butter
2 Scheiben Weißbrot ohne Rinde,
in 1/2 cm große Würfel geschnitten
1/4 TL Zimt
etwas Salz

Der geschälte und entkernte Kürbis wird grob geraspelt, gesalzen und zugedeckt 30 Minuten ziehen gelassen. In zerlassener Butter schwitze ich das klein geschnittene Gemüse farblos an und gebe Ingwer, Paprikapulver, Curry, Chili, Ingwersirup und Ketchup dazu. Alles lasse ich ca. 5 Minuten gemeinsam anschwitzen. Den ausgedrückten Kürbis (Flüssigkeit aufbehalten) mische ich zum Gemüse und lasse ihn ca. 15 Minuten mitdünsten. Nach dem Aufgießen mit Kürbissaft und Fond wird mit Salz und Pfeffer gewürzt und die Suppe weitere 20 Minuten bei niedriger Hitze köcheln gelassen. Nun püriere ich sie gut mit einem Mixstab. Ein Gemisch aus Obers, Kokosmilch und Zucker schlage ich halbsteif und rühre es nach und nach unter die Suppe. Zuletzt wird die Suppe mit dem Mixstab aufgeschäumt und noch einmal abgeschmeckt.

Für die Zimtcroûtons wird Butter in einer Pfanne erhitzt, die Weißbrotwürfel dazugegeben und goldbraun geröstet. Überschüssige Butter gieße ich durch ein Sieb in die Suppe und gebe die Croûtons zurück in die Pfanne. Nun bestreue ich sie mit Zimt und etwas Salz und schwenke sie behutsam durch – *Achtung: Zimt brennt leicht an!*

Tipp!
Wenn Sie Hokkaidokürbis verwenden, so brauchen Sie diesen nicht zu schälen.

Grüner Veltliner
Alte Reben Weinrieder

Pastinakensupperl

mit Bucheckerncrackers

Suppe
4 Schalotten, klein geschnitten
6 mittelgroße Pastinaken, klein geschnitten
20 ml Buchecker nöl
1/16 l trockener Weißwein
1/16 l Geflügelfond
(→ Grundrezept S. 162)
200 ml Schlagobers
1 EL glattes Mehl
etwas kalte Butter
Salz | Pfeffer aus der Mühle
Muskat

Bucheckerncrackers
100 g glattes Mehl
50 g flüssige Butter
50 g Honig
100 g Eiweiß
grobes Meersalz
etwas gehackte Bucheckern
geschroteter schwarzer Pfeffer

Zum Anrichten
8 dünne Scheiben geräucherte Entenbrust
etwas schwarzer Trüffel

Die Schalotten dünste ich in Öl kurz an, gebe die Pastinaken dazu und bestäube alles mit etwas Mehl. Nach dem Ablöschen mit Weißwein gieße ich mit Geflügelfond auf und lasse die Suppe so lange kochen, bis das Gemüse weich ist. Nun passiere ich sie durch ein feines Sieb, gebe das Obers dazu und lasse die Suppe noch einmal aufkochen. Nach dem Würzen mit Salz, Pfeffer und Muskat wird mit dem Stabmixer etwas kalte Butter eingemixt.

Für den Crackersteig werden Mehl, flüssige Butter, Honig und Eiweiß miteinander vermischt und 1 Stunde rasten gelassen. Den Teig streiche ich in Schablonen auf ein Backblech, bestreue ihn mit grobem Meersalz, gehackten Bucheckern und schwarzem Pfeffer und lasse ihn im vorgeheizten Backrohr bei 160 °C für ca. 8 Minuten backen.

Tipp!
Wenn Sie den Suppentopf während des Pürierens schräg halten, entsteht der schöne Schaum.

Grüner Veltliner
Alte Reben Weinrieder

Kartoffel-Lauch-Suppe

mit kleinem Butterschnitzel, Pancetta und Lauchstroh

Suppe
120 g Weißes vom Lauch, klein geschnitten
1 Gemüsezwiebel, klein geschnitten
1 mehlige Kartoffel, roh, klein geschnitten
0.4 l Hühnerfond
(→ Grundrezept S. 162)
150 ml Crème fraîche
2 EL Noilly Prat
Salz | weißer Pfeffer aus der Mühle
etwas Butter zum Anschwitzen
etwas kalte Butter

Butterschnitzel
150 g Kalbsfaschiertes (ohne Sehnen)
1 Schalotte, fein gewürfelt
50 g Beinschinken, fein gewürfelt
25 g Speck, fein gewürfelt
1 Knoblauchzehe
1 TL Dijonsenf
1 TL Petersilie, gehackt
1 Ei
50 g Weißbrot ohne Rinde, eingeweicht in Milch
Salz | Pfeffer
etwas Butter zum Anschwitzen

Deko-Vorschlag
4 Pancetta-Scheiben
etwas grüne Lauchjulienne

Die Lauch-, Zwiebel- und Kartoffelwürfel werden in Butter angeschwitzt und mit Noilly Prat abgelöscht. Nach dem Aufgießen mit Hühnerfond lasse ich die Würfel weichkochen. Die Crème fraîche wird untergerührt (Suppe vom Herd nehmen) und mit dem Stabmixer zu einer glatten Suppe püriert. Nun schmecke ich mit Salz und Pfeffer ab und passiere die Suppe noch einmal durch ein feines Sieb. Vor dem Servieren montiere ich die Suppe mit kalter Butter und schäume sie mit dem Passierstab auf.

Für das Butterschnitzel werden Beinschinken, Speck, Knoblauch und Schalotte in Butter angeschwitzt und nach dem Erkalten zum Faschierten geben. Nun durchmische ich das Faschierte gut mit ausgedrücktem Weißbrot, Dijonsenf, Petersilie, Ei, Salz und Pfeffer und stelle die Masse zum Durchziehen kurz kalt. Daraus forme ich Hamburger, die in Butterschmalz von beiden Seiten angebraten und 5 Minuten im Ofen bei 175 °C gegart werden.

Die Pancetta-Scheiben werden zwischen Backpapier gelegt, zusätzlich mit einem Backblech beschwert und bei 150 °C ½ Stunde im Ofen getrocknet. Für das Lauchstroh wird Lauchjulienne blanchiert und kurz frittiert.

Tipp!

Halten Sie den Suppentopf zum Aufschäumen der Suppe schräg, denn so gelangt mehr Luft in die Suppe, die den feinen Schaum bildet.

Riesling
Bockgärten Weinrieder

Warme Vorspeisen

Warm geräucherte Forelle

mit Tiroler Erdäpfeln

Forelle
Forelle (0.8 – 1 kg)
etwas Pökelsalz
Wasser
2 Knoblauchzehen, grob zerdrückt
2 Petersilienstängel, grob geschnitten
3 Wacholderbeeren
1/2 TL schwarze Pfefferkörner
Räuchermehl

Erdäpfel
1/2 kg heurige Kartoffeln
8 Egerling-Champignons, blättrig geschnitten
1 Zwiebel, fein geschnitten
1/2 Bund Petersilie, fein geschnitten (nur die Blätter)
2 Sardellenfilets, fein geschnitten
1 Scheibe Bauchspeck (1 cm dick), in Streifen von 1 mm geschnitten
1 TL gesalzene Kapern, gewässert und frittiert
Schale von 1/2 Zitrone, fein gerieben
1/4 l Schlagobers
etwas Butter

Deko-Vorschlag
viel frische Petersilienblätter, fein gehackt
2 getrocknete Tomaten, klein geschnitten
Zitronenthymian

Pökelsalz, Knoblauch, Petersilienstängel, Wacholderbeeren und Pfeffer koche ich in Wasser kurz auf und lege die Forelle, sobald der Sud erkaltet ist, für 36 Stunden darin ein. Im Anschluss den Fisch herausnehmen, trockentupfen und dann im kleinen Räucherofen mit Räuchermehl für ca. 25 Minuten heiß räuchern.

Währenddessen werden Champignons, Zwiebel, Petersilie, Sardellen, Kapern, Bauchspeck und Zitronenschale in Butter leicht angeröstet, mit Obers aufgegossen und einmal aufgekocht. Die in der Schale gekochten Kartoffeln werden blättrig geschnitten und in die Sauce gegeben.

Nach dem Anrichten auf den Tellern kann der Fisch noch mit etwas brauner Butter nappiert werden.

Tipp!

Wenn Sie keinen Räucherofen besitzen, füllen Sie in eine Räucherbox (gibt es im Anglerbedarf) unten Räuchermehl ein und stellen die Box auf die Herdplatte, bis das Mehl erhitzt ist, und legen Sie dann den Fisch ein. (→ Rezept Geräucherte Wachtel S. 76)

Chardonnay
Lores Reinisch

Fisch

Zu meinen schönsten Erinnerungen zählt das Fischen in Schwedens Sommer, wo es nie dunkel wurde. Dennoch muss ich gestehen, dass ich immer nur dann einen Fisch an den Haken bekam, wenn ich eingeschlafen war und die Angel ohne mein Zutun im Wasser war.

Champagnerrisotto

mit Venusmuscheln und gebratener Jakobsmuschel

Risotto
500 g Vialone Reis
3 Schalotten, klein geschnitten
1 Knoblauchzehe, klein geschnitten
1/4 l Champagner
1 l Hühnerfond
(→ Grundrezept S. 162)
3 EL Parmesan, gerieben
Salz | Pfeffer
1/2 Zitrone, Saft und Abrieb
kalte Butter
Olivenöl

Muscheln
1/2 kg Venusmuscheln
4 Jakobsmuscheln
1 Zitrone, Saft
Salz | Pfeffer aus der Mühle

Zum Anrichten
4 Zitronenscheiben

Deko-Vorschlag
pikante Tomatenmarmelade
(→ Grundrezept S. 165)
Zitronenzesten, 3× blanchiert
(jeweils in frischem Wasser)

Tipp!

Zum Anrichten können Sie den leeren Schalenteil der Venusmuschel schon vor dem Servieren entfernen.

Für das Risotto werden Schalotten und Knoblauch in Olivenöl und Butter (halb-halb) angeschwitzt und der Reis glasig mit geschwitzt. Nach dem Löschen mit der Hälfte des Champagners koche ich den Reis auf demi-sec (halbtrocken).

Peu à peu wird nun unter ständigem Rühren der heiße Hühnerfond dazugegeben und ständig am Kochen gehalten, bis der Reis bissfest ist. Nach dem Zufügen des Käses gebe ich den restlichen Champagner dazu. Zum Schluss wird mit Salz, Pfeffer und Zitrone gewürzt und mit kalten Butterflocken montiert (nicht mehr kochen!).

Drei Minuten vor Fertigstellung des Risotto werden in einer heißen Pfanne mit Olivenöl die gewürzten Jakobsmuscheln (Salz, Pfeffer und Zitronensaft) von einer Seite scharf angebraten. Die rohen Venusmuscheln werden mitgebraten, bis sie sich öffnen, dann wende ich die Jakobsmuscheln. Zuletzt gebe ich ein kleines Stück Butter dazu und nehme die Pfanne vom Herd. Die Muscheln richte ich schön auf dem Risotto an.

Die Zitronenscheiben werden in der Pfanne der Jakobsmuscheln von beiden Seiten scharf angebraten, damit wird garniert; die restliche Flüssigkeit kann man über das Risotto gießen.

Mailly Champagne
Brut Millésime 2004

Marinierter Thunfisch

mit kleinem Thunfischtartar, Paprika-Nudelrisotto und kandiertem Ingwer

Thunfisch
320 g Thunfisch,
in 3 cm breite Filets geschnitten
Sojasauce
Reiswein
Fleur de Sel oder grobes Meersalz

Paprika-Nudelrisotto
120 g Risottonudeln
etwas Weißwein
1–2 EL geriebener Parmesan
1 EL Butter
1 Spritzer Zitronensaft
1 EL Paprikapüree
(→ Grundrezept Konfierter Paprika S. 164)
1 Schuss Weißwein
1 Schuss Hühnerfond
(→ Grundrezept S. 162)

Kleines Thunfischtartar
80 g Thunfisch, in Würfel geschnitten
Salz | Pfeffer
Korianderblätter, gehackt
1 Spritzer Limettensaft

Deko-Vorschlag
kandierter Ingwer (aus dem Reformhaus),
klein geschnitten
schwarzer Sesam
etwas roter Paprika,
in kleine Würfel geschnitten

Tipp!

Thunfisch schmeckt am besten, wenn er nicht ganz durchgebraten wird. Wenn Sie ihn länger braten möchten, achten Sie darauf, dass er nicht zu trocken wird. Bereiten Sie das Risotto vor dem Fisch zu, denn die Zubereitungszeit für den Fisch ist sehr kurz und er kühlt sehr leicht aus.

Die Thunfischfilets werden mit einer Marinade aus ²⁄₃ Sojasauce und ¹⁄₃ Reiswein gut bedeckt und darin ca. 30 Minuten mariniert. Dann brate ich die Filets beidseitig kurz und scharf an, sodass sie in der Mitte noch roh sind. Für die Sauce gieße ich die Marinade in die Pfanne (Filets vorher herausnehmen) und lasse sie bei mittlerer Hitze einreduzieren (*Achtung, dass sie nicht zu salzig wird*).

Der Fisch wird erst vor dem Servieren mit Fleur de Sel oder grobem Meersalz bestreut und mit kandiertem Ingwer und schwarzem Sesam garniert.

Die Risottonudeln werden in Salzwasser ca. 5 Minuten gekocht und kalt abgeschreckt.

Für die Paprikasauce nehme ich einen Löffel konfierten Paprika, passiere ihn mit dem Mixstab, und bringe ihn mit einem Schuss Weißwein und etwas Hühnerfond (wenn Sie welchen zur Hand haben, sonst geht auch Nudelwasser) zum Kochen. Die Nudeln lasse ich in dieser Sauce bissfest weiterkochen. Eventuell muss noch ein bisschen Flüssigkeit nachgegossen werden. Der Topf kommt vom Herd und unter vorsichtigem Rühren hebe ich den Parmesan und die schaumig gerührte Butter unter. Am Schluss schmecke ich mit Salz, Pfeffer und einem Spritzer Zitronensaft ab und garniere die Nudeln mit ein paar kleinen, roten Paprikawürfeln.

Für das Thunfischtartar schmecke ich die Thunfischwürfel mit Limettensaft, Olivenöl, Salz, Pfeffer und Koriander ab und lasse sie ca. ¹⁄₄ Stunde ziehen.

Chardonnay
Lores Reinisch

Fleur de Sel

Fleur de Sel ist ein grobes Meersalz von besonders feiner Note. Die etwas teurere Anschaffung lohnt sich auf jeden Fall, da es jedes Gericht besonders fein würzt. Ich verwende es immer erst kurz vor dem Servieren.

Salzwassergarnele

mit Steinpilzen und Stangensellerie an Hummerschaum

Garnelen
480 g Garnelen im Panzer, der Länge nach halbiert
Salz | Pfeffer aus der Mühle
etwas Zitronensaft
1/2 ungeschälte Knoblauchzehe
Olivenöl zum Anbraten

Pilze und Stangensellerie
140 g Steinpilze, geputzt und in 1/2 cm dicke Scheiben geschnitten
100 g Stangensellerie, der Länge nach halbiert und in 3 cm breite Rauten geschnitten (ein paar zarte grüne Blätter zum Garnieren behalten)
1 kleines Stück Ingwer, geschält und feinst gewürfelt
Salz | Pfeffer aus der Mühle
etwas Zitronensaft
Öl zum Anbraten

Hummerschaum
1 kleine Schalotte, klein geschnitten
80 g Hummerbutter
60 g Butter
1/2 l Fischfond (→ *Grundrezept S. 162)*
1 EL Mehl
1 Schuss Pernod
1 Schuss Noilly Prat
evtl. etwas kalte Butterflocken
etwas Salz | weißer Pfeffer aus der Mühle
etwas Cayennepfeffer

Deko-Vorschlag
4 kleine Rosmarinzweige
etwas Butter zum Anschwitzen

Aus den Garnelen muss zuerst der Darm entfernt werden, um danach die Garnelen auszuwaschen. Dann beträufle ich sie auf der Innenseite mit etwas Zitronensaft, salze und pfeffere sie und brate sie in sehr heißem Olivenöl kurz scharf an (Innenseite zuerst). Die Knoblauchzehe brate ich mit, was den Garnelen eine feine Knoblauchnote gibt.

Für das Gemüse werden zuerst die Pilze in etwas Öl angeröstet und dann der Stangensellerie dazugegeben. Gewürzt wird mit einem Spritzer Zitronensaft, Salz und Pfeffer. Erst zum Schluss gebe ich den Ingwer dazu.

Für den Hummerschaum werden die Schalottenwürfel in Hummerbutter und Butter leicht angeschwitzt, mit Mehl leicht eingebrannt (nicht braun werden lassen) und mit Pernod und Noilly Prat gelöscht. Nach dem Aufgießen mit Fischfond lasse ich alles um ca. 1/3 einreduzieren, bevor ich die Sauce mit dem Stabmixer püriere. Dann wird die Sauce durch ein feines Sieb geseiht, mit Salz, Pfeffer und Cayenne abgeschmeckt und noch einmal mit dem Stabmixer aufgeschäumt (evtl. noch mit etwas kalter Butter montieren).

Tipp!

Guter Knoblauch ist, in der Schale gebraten, eine feine Delikatesse, die sich auch als Beilage zu gegrilltem Fleisch sehr gut eignet.

Riesling
Bockgärten Weinrieder

Karpfengröstl

mit Kürbis und Rosenkohl

Karpfen
600 g Karpfenfilets
Salz | Pfeffer aus der Mühle
etwas Zitronensaft

Gröstl
12 kleine heurige Kartoffeln
1/2 rote Zwiebel, klein geschnitten
1/2 Knoblauchzehe, klein geschnitten
Salz | Pfeffer aus der Mühle
Öl

Kürbis und Rosenkohl
1 Handvoll Kürbisperlen (aus einem ganzen Kürbis ausgestochen), halbiert
1 Handvoll Rosenkohl, kernig gekocht und geviertelt
2 Zitronenscheiben, geschält

Zum Anrichten
Aioli
1 Eidotter
1/2 EL Senf
1/2 Knoblauchzehe, zerdrückt
etwas Öl, zimmerwarm
etwas Olivenöl, zimmerwarm

Deko-Vorschlag
Grammeln (vom Metzger), knusprig gebraten

Die Karpfenfilets werden in einer heißen Pfanne gesalzen, gepfeffert und mit Zitrone beträufelt, im Backrohr bei 180 °C gebraten, bis sie sich mit der Hand leicht zerteilen lassen (ca. 8 Minuten).

Währenddessen koche ich die Kartoffeln in der Schale in Salzwasser, schäle und viertle sie. In sehr heißem Öl werden nun nacheinander die Kartoffeln und danach die Kürbisperlen kross gebraten, herausgenommen und im selben Gefäß beiseite gestellt. In derselben Pfanne röste ich nun die Zwiebelwürfel an, füge den Knoblauch kurz dazu und gebe alles zu den Kartoffeln. Zuletzt röste ich in der Pfanne den Rosenkohl an und vermische ihn mit den Kartoffeln. 2 Zitronenscheiben, die von beiden Seiten goldgelb angebraten werden, werden mit dem Gemüse angerichtet.

Für die Aioli werden wie bei einer Mayonnaise zuerst Eidotter und Senf miteinander verrührt, der Knoblauch dazugegeben und dann unter ständigem Rühren das Öl und dann Olivenöl langsam dazugegossen.

Die Fischstücke werden schön auf dem Gröstl angerichtet und mit Aioli nappiert.

Tipp!
Die Fischfilets sollten Sie auf der Hautseite ins Rohr legen.

Gewürztraminer
Gottardi

Welcher Wein zu welchem Essen

Natürlich gibt es Weine, die besser mit bestimmten Gerichten harmonieren als andere. Doch grundsätzlich soll jeder das trinken, was ihm am besten schmeckt. Und wenn jemand zu Fisch gerne einen kräftigen Rotwein trinkt, so soll das erlaubt sein dürfen.

Gesurtes Schweinshaxerl

mit Bohnen-Tomaten-Gemüse

Gesurtes Schweinshaxerl
2 kleine gesurte Schweinshaxn
1 Zwiebel, geschält und grob geschnitten
1/2 Sellerieknolle, grob geschnitten
2 Karotten, grob geschnitten
4 Wacholderbeeren
2 Lorbeerblätter
4 schwarze Pfefferkörner
Salz

Bohnen-Tomaten-Gemüse
50 g weiße Bohnen
(können aus der Dose sein, sonst vorkochen)
50 g grüne Bohnen, in ca. 3 cm breite
Rauten geschnitten
50 g gelbe Bohnen, in ca. 3 cm breite
Rauten geschnitten
1 große Fleischtomate, geschält,
entkernt und geachtelt
25 g getrocknete, eingelegte Tomaten,
klein geschnitten
1 Knoblauchzehe, fein geschnitten
2 kleine Schalotten, fein geschnitten
Salz | Pfeffer aus der Mühle
1 Zweig Bohnenkraut,
abgerebelt und fein geschnitten
Sud vom Schweinshaxerl
Öl zum Anbraten

Zum Anrichten
frischer Kren, in feine Streifen geschnitten

In leicht gesalzenem, kochendem Wasser lasse ich das Fleisch mit dem dazugehörigen Gemüse und den Gewürzen gemeinsam kochen, bis das Fleisch weich ist (Gabelprobe). Danach befreie ich das Fleisch von Sehnen und Schwarten und schneide es in Scheiben. Das Gemüse wird auch aus dem Sud genommen und mit dem Fleisch warm gestellt. Den Sud behalte ich weiter für die Bohnen.

Für das Gemüse werden Schalotten und Knoblauch in heißem Öl angeschwitzt, Bohnen und Tomaten dazugegeben und mit etwas Sud von der Stelze aufgegossen (lieber öfter ein bisschen aufgießen als auf einmal zu viel). Nach dem Abschmecken mit Salz und Pfeffer lasse ich das Gemüse köcheln, bis die Bohnen bissfest sind. Zuletzt wird mit Bohnenkraut verfeinert.

Tipp!

Dieses Gericht kann mit dem Sud wie eine Suppe gegessen werden, oder aber auch ohne Sud. In diesem Fall empfehlen sich als Sättigungsbeilage kleine Salzkartoffeln.

Blaufränkisch
Vitikult Lang

Fleischpflanzerl

mit Karotten-Ingwer-Püree und Bärlauchpesto

Fleischpflanzerl
500 g Kalbsfaschiertes
1 altbackene Semmel, entrindet
2 Eier
1 EL Senf
50 g Bauchspeck, sehr klein geschnitten
1 Zwiebel, sehr klein geschnitten
2 Knoblauchzehen, sehr klein geschnitten
1 Handvoll Petersilie, sehr fein gehackt
1 Thymianzweig, abgerebelt und sehr klein geschnitten
etwas Butter
etwas Öl
Kräutersalz
Pfeffer aus der Mühle

Karotten-Ingwer-Püree
350 g Karotten, grob gewürfelt
1 großer Ingwerfinger, geschält und fein gewürfelt
50 g Butter
1 Schuss trockener Martini
150 ml Schlagobers
Saft von 1/2 Zitrone
Salz | weißer Pfeffer aus der Mühle
1 Prise Muskat
etwas Butter
evtl. 1 Prise Zucker

Bärlauchpesto
100 g Bärlauch, geschnitten
50 g Kürbiskerne, geröstet
50 g Mandeln, geschält und geröstet
1 EL Honig
50 g alter Pecorino, gerieben
100 ml Olivenöl
etwas Salz | Pfeffer aus der Mühle

Deko-Vorschlag
Karotte, mit dem Rettichschneider in Form gebracht und kurz in Salzwasser gekocht

Zwiebel, Knoblauch, Bauchspeck, Petersilie und Thymian werden in Butter angeschwitzt und nach dem Auskühlen unter das Faschierte gemischt. Die Semmel weiche ich in Wasser ein, drücke sie gut aus, schneide sie in sehr kleine Stücke und mische sie zum Faschierten. Zuletzt menge ich Senf und Eier gut unter und würze mit Salz und Pfeffer.

Mit nassen Händen werden nun kleine Hamburger geformt, die im heißen Öl von beiden Seiten kurz angebraten werden. Dann lasse ich sie im Rohr noch für ca. 5 Minuten bei 165 °C fertig braten. Bei der Druckprobe muss ein leichter Widerstand zu spüren sein, die Pflanzerl müssen sich dennoch luftig anfühlen.

Für das Püree werden Karotten und Ingwer farblos in Butter angeschwitzt und mit einem Schuss Martini abgelöscht. Mit dem Obers lasse ich es zugedeckt weichkochen (*Achtung: brennt leicht an*). Durch ein dünnes Sieb seihe ich die Karotten ab und stelle das Obers beiseite. Das Gemüse wird nun mit dem Küchenmixer zu einem feinen Püree verarbeitet, in das ich, je nach Konsistenz, wieder etwas vom Obers zufüge. Zuletzt schmecke ich das Püree mit Salz, Pfeffer, Muskat und etwas Zitronensaft ab und gebe noch etwas kalte Butter und evtl. 1 Prise Zucker dazu.

Für das Bärlauchpesto werden im Küchenmixer alle Zutaten gut miteinander püriert und gegebenenfalls noch einmal nachgewürzt.

Tipp!

Faschiertes braucht sehr viel Würze. Daher empfehle ich Ihnen, vorab ein Probepflanzerl zu machen und es zu kosten. Gegebenenfalls muss das Faschierte vor der Fertigstellung noch nachgewürzt werden.

Pinot Noir
Selection Juris

Kalbsbries auf Chicorée

mit Oliven-Petersilien-Coulis

Kalbsbries
4 Kalbsbriesnüsschen à 150 g
1 Schuss Milch
etwas Mehl
Salz | Pfeffer aus der Mühle
50 ml Olivenöl

Oliven-Petersilien-Coulis
150 g Petersilie ganz
12 grüne Oliven ohne Kern, fein gehackt
1 Knoblauchzehe, fein gehackt
50 ml Olivenöl

Chicorée
2 Köpfe Chicorée, halbiert
etwas Butter
Filets und Saft von je 1 Blutorange
einige Körner Szechuanpfeffer
Salz | Pfeffer
1 Prise Zucker

Tipp!

Metzgereien haben nicht immer Innereien vorrätig, daher kann es sein, dass Sie diese feine Spezialität vorbestellen müssen.

Wenn Sie die Chicorée-Hälften vor dem Zubereiten für ca. 10 Minuten in warmes Wasser legen, verlieren sie an Bitterstoffen.

Das Kalbsbries wird im kalten Wasser gewässert und für ca. 1 Minute in kochendem, mit etwas Milch versetztem Wasser blanchiert. So kann man es sorgfältig zuputzen (Außenhaut entfernen). Dann erhitze ich die Hälfte des Olivenöls in einer Pfanne und brate darin das gesalzene, gepfefferte und leicht mehlierte Bries goldbraun. Es wird aus der Pfanne genommen und die Pfanne beiseite gestellt.

Währenddessen blanchiere ich die gut gewaschene Petersilie für ca. 3 Minuten in kochendem Wasser, schrecke sie mit Eiswasser ab (dies erhält die schöne Farbe) und tupfe sie gut trocken, bevor ich sie im Cutter zu einem feinen Püree zerkleinere. In derselben Pfanne wie vorhin das Kalbsbries wird das weitere Öl erhitzt, Oliven und Knoblauch schmoren darin gut durch. Erst kurz vor dem Anrichten gebe ich das Petersilienpüree dazu.

Die Chicoréehälften werden in Butter von beiden Seiten angedünstet, mit Salz, Pfeffer und 1 Prise Zucker gewürzt und mit dem Saft der Orange abgelöscht. Mit Szechuanpfeffer und Orangenfilets dünstet das Gemüse noch einmal kurz durch.

Zuletzt schneide ich die Kalbsbriesnüsschen in Scheiben, richte sie auf den Chicoréehälften und Orangenfilets an und serviere sie mit dem Oliven-Petersilien-Coulis.

Riesling
Bockgärten Weinrieder

Abschrecken mit Eiswasser

Das Abschrecken mit Eiswasser hat zweierlei Gründe. Zum einen erhält es bei buntem Gemüse die schöne Farbe. Zum anderen stoppt es den Garprozess, was bei manchen Fleisch- und Fischspeisen (wenn sie in Folie oder Vakuumbeutel zubereitet werden) wichtig sein kann, um das Austrocknen oder Durchbraten zu verhindern.

Herz und Bries

vom Milchkalb im Wirsingblatt mit Rösti und Karfiolgemüse

Herz und Bries im Wirsingblatt
280 g Kalbsherz, vakuumverpackt (vom Metzger)
160 g Kalbsbries
Salz | Pfeffer aus der Mühle
Butterschmalz
2 Wirsingblätter
etwas flüssige Butter

Rösti
4 festkochende Kartoffeln, mittelgroß
Salz | Pfeffer aus der Mühle
Muskat
Kräuter nach Belieben, fein gehackt
etwas Butterschmalz zum Anbraten

Karfiolgemüse
1 kleiner Karfiol
1 Briefchen Safran, gemahlen
1 kleine Flasche roter Rohnensaft
Salz

Zum Anrichten
Pommery-Senf-Sauce
1 Schalotte, fein geschnitten
1 EL Kalbsglace
(→ Grundrezept Fond S. 162)
4 EL Schlagobers
1 EL Pommery-Senf

Tipp!
Statt Pommery-Senf kann auch Dijon-Senf verwendet werden.

Das in kaltem Wasser gewässerte Bries würze ich mit Salz und Pfeffer, brate es in Butterschmalz von beiden Seiten an und lasse es im Rohr ca. 5 Minuten bei 185 °C weitergaren. Das Herz lasse ich im Vakuumbeutel bei 82 °C 40 Minuten im Backrohr ziehen.

Die gekochten Wirsingblätter werden kalt abgeschreckt und vom dicken Strunk befreit. Ein quadratisches Stück Alufolie bestreiche ich nun gut mit flüssiger Butter und lege die Wirsingblätter darauf so aneinander, dass sich eine quadratische Fläche ergibt. Die Blätter werden gesalzen und gepfeffert, mit flüssiger Butter beträufelt und mit Herz (gesalzen und gepfeffert) und Bries eng nebeneinander belegt. Das Ganze wird gut und dicht eingerollt und für 10 Minuten bei 80 °C im Rohr rasten gelassen. Nach dem vorsichtigen Auswickeln wird die Rolle in gleichmäßig dicke Scheiben geschnitten.

Der Karfiol wird von den grünen Blättern befreit und in kleine Röschen zerteilt. 1/3 davon koche ich in Wasser mit Safran, ein weiteres 1/3 davon in leicht gesalzenem Rohnensaft und den Rest in bloßem Salzwasser. So entstehen drei wunderschöne Farbgebungen.

Für die Rösti werden die rohen Kartoffeln gerieben. In eine Schüssel drücke ich das Wasser aus ihnen, schmecke sie mit Salz, Pfeffer und Muskat ab und gebe die Kräuter dazu. Mit dem Esslöffel werden 4 gleich große Rösti geformt, die in heißem Butterschmalz herausgebraten werden.

Für die Pommery-Senf-Sauce werden Schalotten, Kalbsglace und Obers gemeinsam aufgekocht und leicht einreduziert. Vor dem Anrichten wird Senf eingerührt und mit Salz und Pfeffer abgeschmeckt.

Chardonnay
Lores Reinisch

Innereien

Innereien sind heute leider etwas aus der Mode gekommen und werden daher nur mehr in sehr wenigen Restaurants zubereitet und serviert. Mir ist es daher wichtig, sowohl in diesem Buch als auch auf meiner Speisekarte diese Delikatessen weiterzuentwickeln.

Kalbsbries im Schweinsnetz

mit Selleriepüree und Rotweinzwiebeln

Kalbsbries
4 Scheiben Entenleber à 50 g
2 Kalbsbriesherzen à 200 g
1 gewässertes Schweinsnetz
8 Scheiben Parmaschinken, hauchdünn geschnitten
2 große Schwarze Nüsse aus dem Glas (alternativ ein Dörrobst wie Pflaumen, Marillen, Birnen), in Scheiben geschnitten
4 Scheiben Brioche (*→ Grundrezept S.167 oder vom Bäcker*), 1 cm dick
Butterschmalz zum Anbraten

Rotweinzwiebeln
3 mittelgroße rote Zwiebeln, geschält, geviertelt und in feine Streifen geschnitten
Butter zum Anbraten
100 ml Portwein
ca. 1 l kräftiger Rotwein
1 EL brauner Zucker
Salz | weißer Pfeffer aus der Mühle

Selleriepüree
→ Grundrezept S.164

Deko-Vorschlag
Briochechip
Waldmeister

Für das Kalbsbries wird das Schweinsnetz ausgelegt und mit Parmaschinken überlappend belegt. Die vorher kurz getoasteten Briochescheiben schneide ich auf die Größe der Kalbsbriesherzen zu, lege sie auf den Schinken und belege sie mit in Scheiben geschnittenen Schwarzen Nüssen. Zuletzt werden die vorher gewässerten Kalbsbriesherzen aufgelegt, das Netz zu einer festen Stange eingerollt und kalt gestellt. Dann kann die Rolle in Butterschmalz von allen Seiten angebraten werden und für weitere 7 Minuten im Ofen auf 160 °C mit der Briocheseite nach unten fertig gegart werden. Danach lasse ich das Gericht noch etwas rasten, bevor ich es zum Anrichten in Scheiben schneide.

Für die Rotweinzwiebeln werden die Zwiebelscheiben in Butter angeschwitzt, wobei ich braunen Zucker mitkaramellisieren lassen. Nach dem Ablöschen mit Portwein und Rotwein lässt man die Zwiebeln wie eine Marmelade einkochen. Sollte zu viel Flüssigkeit verdampfen, kann man immer wieder mit Rotwein aufgießen, bis die Zwiebeln ganz weich sind. 1–1½ Stunden Kochzeit sind hier durchaus normal.

Für die Briochechips werden hauchdünne Briochescheiben in Butter getoastet.

Pinot Noir
Selection Juris

Vollkorntoast

mit Kalbsbries, gegrilltem Kürbis und Curry-Jaipur-Mayonnaise

Bries und gegrillter Kürbis
8 Stück Kalbsbries à 50 g
1 Schuss Milch
etwas Mehl
Öl zum Anbraten
4 Scheiben Butternusskürbis, ca. 1.5 cm dick
etwas Staubzucker

Curry-Jaipur-Mayonnaise
Mayonnaise (→ *Grundrezept S. 166*)
1 EL Curry-Jaipur-Mischung

Toast
8 Scheiben Vollkorntoast
etwas Butter

Deko-Vorschlag
Kirschtomaten und Rucola

Das Kalbsbries wird im kalten Wasser gewässert und für ca. 1 Minute in kochendem Wasser mit etwas Milch blanchiert. So kann man es sorgfältig zuputzen. Dann wird das Bries mehliert und scharf angebraten.

Vom geschälten und entkernten Kürbis schneide ich Scheiben ab, die der Größe nach gut auf den Toast passen. Diese werden von beiden Seiten sehr leicht mit Staubzucker bestreut und in einer Grillpfanne gegrillt.

Auf die getoasteten Brotscheiben lege ich nun das Bries und den Kürbis, gebe die Mayonnaise mit der vorsichtig dazugerührten Curry-Jaipur-Mischung darauf und bedecke alles mit einer weiteren Toastscheibe.

Tipp!
Bestreichen Sie die Toastscheiben vor dem Rösten mit Butter – so werden sie richtig knusprig.

Blauburgunder
Gottardi

Blutwurstpalatschinken

mit Rübenkraut

Blutwurstpalatschinken
100 g Weizenmehl, Type 480
150 ml Gemüsefond
(→ Grundrezept S. 162)
2 kleine Schalotten, klein geschnitten
1 kleine Knoblauchzehe, fein geschnitten
125 g Blutwurst, gewürfelt
6 Eier
1 EL Speckfett (Speckwürfel in einer heißen Pfanne auslassen)
1 TL Majoran, gerebelt
1 Prise Salz
etwas Butterschmalz

Rübenkraut
200 g Rübenkraut
1 Schalotte, fein geschnitten
1 Knoblauchzehe, fein geschnitten
1/8 l Hühnerfond *(→ Grundrezept S. 162)*
1 EL Sauerrahm
etwas Butter

Deko-Vorschlag
4 Scheiben geräucherte Blutwurst
etwas Öl
Thymianzweige

Schalotten und Knoblauch werden in heißer Butter angeschwitzt und ausgekühlt. Im Küchenmixer vermixe ich Mehl und Fond, gebe Blutwurstwürfel, Schalotten, Knoblauch und Gewürze dazu und mixe mit den Eiern und dem Speckfett einen nicht allzu flüssigen Teig. In heißem Butterschmalz brate ich daraus nun einzelne Palatschinken, die ich im Rohr bei sehr niedriger Temperatur warm stelle.

Für die Krautfülle werden Schalotten und Knoblauch in Butter leicht angeschwitzt und das Kraut dazugegeben. Nach dem Ablöschen mit dem Hühnerfond lasse ich das Kraut für ca. 10 Minuten kochen, bis die Flüssigkeit nahezu verdampft ist, und binde zuletzt mit dem Sauerrahm ab (nicht mehr kochen).

Die geräucherten Blutwurstscheiben werden in etwas Öl angebraten.

Die Palatschinken werden nun mit dem Kraut gefüllt, mit den gebratenen Blutwurstscheiben angerichtet und mit je einem Thymianzweig garniert.

Tipp!

Aus übrigen Palatschinken können Sie Frittaten schneiden und erhalten so eine außergewöhnliche Einlage für eine Rindsuppe.

Geräucherte Wachtel und Risotto mit Radicchio Trevisano

mit Kräuterseitling und gebratener Blutwurst

Geräucherte Wachtel
2 Wachteln im Ganzen, ausgenommen
Olivenöl
Salz | Pfeffer aus der Mühle
Räucherbox (aus dem Anglerbedarf)
Räuchermehl (aus dem Anglerbedarf)

Kräuterseitling und Blutwurst
2 schöne Pilze, halbiert
Salz | Pfeffer
4 dicke Scheiben Blutwurst
etwas Mehl
Butterschmalz

Risotto
200 g Carnaroli Reis
2 Schalotten, fein geschnitten
1 Knoblauchzehe, fein geschnitten
1/2 l Hühnerfond (→ *Grundrezept S. 162*)
50 g Taleggio (norditalienischer Weichkäse), in kleinen Würfeln
250 g Radicchio Trevisano, in feine Streifen geschnitten
150 ml Lagrein Dunkel
100 ml Portwein, rot
1 TL brauner Zucker
etwas Butter
Olivenöl
Salz | Pfeffer
etwas kalte Butter zum Montieren

Die innen und außen gewaschenen und trockengetupften Wachteln pinsle ich mit Olivenöl ein und würze sie leicht mit Salz und Pfeffer. In eine Räucherbox wird unten Räuchermehl eingefüllt und die Box auf der Herdplatte erhitzt, bis sich Rauch entwickelt. Nun wird die Hitze reduziert, die Wachteln hineingelegt und zugedeckt ca. 15 Minuten auf niedriger Hitze geräuchert. Nach dem Herausnehmen lasse ich die Wachteln kurz rasten, zerteile sie und richte sie auf dem Risotto an. Sollten die Wachteln noch zu roh sein, brate ich sie kurz in Butter nach.

Für das Risotto werden die Radicchiostreifen mit warmem Wasser (entzieht die Bitterstoffe) gewaschen, getrocknet (schleudern) und in Butter mit braunem Zucker kurz angebraten. Nach der Hälfte der Kochzeit des Reises gebe ich die Streifen zum Risotto.

Schalotten und Knoblauch werden in Olivenöl angeschwitzt und der Reis glasig mitgeschwitzt. Nach dem Löschen mit Rotwein und Portwein koche ich den Reis auf demi-sec (halbtrocken).

Peu à Peu wird nun unter ständigem Rühren der heiße Hühnerfond dazugegeben. Nach dem Zufügen des Radicchio rühre ich den Käse ein (*Vorsicht vor dem Ankleben: Topf gegebenenfalls vom Herd nehmen*). Zum Schluss wird mit Salz und Pfeffer gewürzt und mit kalten Butterflocken montiert (nicht mehr kochen!)

Die mehlierten Blutwurstscheiben werden in Butterschmalz von beiden Seiten gebraten und herausgenommen. Die Scheiben vom Kräuterseitling brate ich in der gleichen Pfanne goldgelb an. Erst dann werden sie mit Salz und Pfeffer gewürzt.

Das Phantom
Kirnbauer

Wachtelbrüstchen mit Gänseleber

auf karamellisierten Orangenscheiben mit Haselnüssen

Wachtelbrüstchen
8 Wachtelbrüstchen
1 Hühnerbrust ohne Haut
8 Scheiben Bauchspeck
1 Gänsestopfleber
1 EL gehackte Pistazien
1 Schuss Madeira
2–3 EL Schlagobers
Salz | Pfeffer aus der Mühle

Karamellisierte Orangenscheiben
1 Orange
16 Haselnusshälften
etwas Zucker
etwas Butter

Zum Anrichten
Portweinsaftl
2 EL dunkler Geflügelfond
(→ Grundrezept S. 162)
1 Schuss alter Balsamico
1 Schuss Portwein, rot
etwas kalte Butter

Deko-Vorschlag
Apfelchip
1 Apfel, ungeschält, entkernt
ganz etwas Staubzucker

Die Wachtelbrüstchen werden von Häuten und Fett befreit, die Hühnerbrust klein gewürfelt und kurz eingefroren. Die Rührschüssel für später soll nach Möglichkeit auch eingefroren werden.

Im Cutter zerkleinere ich die Hühnerwürfel mit Obers und Madeira, bis die Masse homogen ist, fülle sie in die gekühlte Schüssel und vermische sie mit den Pistazien, Salz und Pfeffer und stelle die Farce kalt. (Eventuell muss sie noch mit etwas Schlagobers verdünnt werden.)

Die Wachtelbrüstchen werden leicht flachgedrückt. Auf ein Stück Alufolie lege ich die Speckscheiben überlappend aus, gebe die Wachtelbrüstchen eng anliegend darauf und bestreiche sie dünn mit der Farce. Darauf wird die Gänseleber in der Mitte ca. 2 cm dick der Länge nach aufgelegt, die Brüstchen gut eingerollt und die Enden der Folie stramm zusammengedreht. Nun lasse ich die Rolle in ca. 80 °C heißem Wasser 20 Minuten lang ziehen. Bevor sie ausgewickelt wird, schrecke ich sie kalt ab. Zum Anrichten schneide ich sie in ca. 2 cm dicke Scheiben.

Die geschälte Orange wird in 1.5 cm dicke Scheiben geschnitten, in heißer Butter mit Zucker kurz von beiden Seiten karamellisiert. Die Haselnusshälften lasse ich darin kurz mitbraten.

Für das Portweinsaftl wird der Fond mit einem Schuss Portwein und einem Schuss Balsamico Essig erhitzt und vor dem Servieren mit kalten Butterwürfeln montiert.

Für die Apfelchips wird der Apfel mit der Schneidemaschine in dünne Scheiben geschnitten, die auf einem Backpapier mit Staubzucker bestreut bei 50 °C über Nacht im Ofen trocknen.

Riesling
Bockgärten Weinrieder

Wein in der Küche

In vielen meiner Saucen befindet sich Wein. Natürlich verwende ich dafür auch Flaschenreste, würde aber niemals einen Wein benützen, den ich nicht auch noch trinken könnte.

Pilzlasagnette

Lasagne
500 g Lasagneblätter
evtl. frischer Rucola
150 g frisch geriebener Parmesan

Béchamel
4 EL Butter
60 g Weizenmehl, Type 480
600 ml Milch
1/2 Schalotte, fein geschnitten
5 Wacholderbeeren
1 Lorbeerblatt
100 g Parmesan
Salz | Pfeffer aus der Mühle
Muskat

Tomatensauce
1/2 Kalbshals
1 Zwiebel, fein gewürfelt
1 Knoblauchzehe, klein geschnitten
1 Zweig Basilikum, Blätter grob gehackt
1 Rosmarinzweig, abgerebelt, grob gehackt
1 kg Pelati, aus der Dose
1/8 l Rotwein
Salz | Pfeffer aus der Mühle
etwas Öl

Pilze
3 Kräuterseitlinge
5 große Shiitake
5 Austernpilze
1 Knoblauchzehe, fein geschnitten
1 Thymianzweig, abgerebelt
Salz | Pfeffer aus der Mühle
Öl

Tipp!

Sie können das Fleisch später als Raviolifülle verwenden. Die Béchamel sollten Sie etwas flüssiger halten, damit die Nudelblätter genügend Feuchtigkeit zum Aufsaugen haben.

Für die Tomatensauce schneide ich den Kalbshals der Länge nach auf und klopfe ihn leicht. Dann bestreue ich ihn mit Zwiebelwürfeln, Knoblauch und Kräutern, rolle ihn ein und binde ihn rundherum gut zu. In heißem Öl wird er rundum angebraten und mit Pelati und Wein aufgegossen. So lasse ich ihn nun 3–4 Stunden köcheln, bis die Sauce ganz sämig wird, und schmecke sie am Schluss mit Salz, Pfeffer und evtl. noch einmal Kräutern ab.

Währenddessen bereite ich die Béchamel zu, indem ich in heißer Butter die Schalotte mit dem Mehl farblos anschwitze und mit der zimmerwarmen Milch unter ständigem Rühren aufgieße und dann Wacholderbeeren und Lorbeerblatt dazugebe. Die Sauce muss mindestens 5 Minuten köcheln, indem ständig weitergerührt wird. Dann wird sie mit Salz, Pfeffer und Muskat abgeschmeckt und mit dem geriebenen Parmesan verfeinert.

Die gesäuberten Pilze werden in feine Würfel geschnitten. Diese werden in sehr heißem Öl goldbraun gebraten und mit Knoblauch, Thymian, Salz und Pfeffer abgeschmeckt.

In eine passende große Auflaufform wird nun eine Schicht Béchamel gegeben, darauf die erster Lage Nudelblätter, darüber in Schichten Béchamel, Pilze, Tomatensauce und dann wieder ein Nudelblatt usw. Abgeschlossen wird mit Béchamel, Tomatensauce und frisch geriebenem Parmesan. Je nach Geschmack und Saison können zwischen die Schichten zusätzlich Rucolablätter gegeben werden. Bei 160 °C lasse ich die Lasagne nun im Rohr backen, bis sie oben goldbraun wird. Zum Anrichten werden aus der Lasagne runde Portionen ausgestochen.

Riesling
Bockgärten Weinrieder

Einkaufen

Einkaufen zu gehen bedeutet für mich Lustgewinn und kreative Inspiration. Meine Speisekarten und Menüvorschläge entstehen daher auch häufig spontan. Wenn ich zum Beispiel frische, appetitliche Steinpilze sehe, kann ich nicht widerstehen und stoße dafür auch schon einmal einen bereits gemachten Menüplan wieder um.

Gebackene Steinpilze

mit Kartoffelsalat und Remouladensauce

Steinpilze
180 g Steinpilze, geputzt und in Scheiben von ca. 1 1/2 cm Stärke geschnitten
Salz | Pfeffer aus der Mühle
Mehl, Eier, Brösel zum Panieren
Butterschmalz zum Braten

Kartoffelsalat
5–6 große, festkochende Kartoffeln
1 große weiße Zwiebel, klein geschnitten
1/4 l Hühnerfond
(→ Grundrezept S. 162)
etwas Weißweinessig
1 EL Dijon- oder Estragon-Senf
Öl zum Anbraten
Salz | Pfeffer aus der Mühle

Remouladensauce
200 g Mayonnaise *(→ Grundrezept S. 166)*
40 g Kapern, fein gehackt
2 Sardellenfilets, fein geschnitten
50 g kleine Gewürzgurken, grob gehackt
etwas Schnittlauch und Petersilie, fein gehackt
evtl. Salz
evtl. weißer Pfeffer aus der Mühle

Deko-Vorschlag
je nach Saison etwas frische Kresse oder Vogerlsalat

Bei diesem Gericht beginne ich mit dem Kartoffelsalat, indem ich die in Salzwasser gekochten Kartoffeln schäle, in Scheiben schneide und zugedeckt beiseite stelle, damit sie nicht auskühlen. Die Zwiebelwürfel brate ich in heißem Öl glasig, gieße sie mit heißem Hühnerfond auf und lasse sie weichkochen. Je nach Geschmack wird mit Weißweinessig, Salz, und Pfeffer gewürzt. Nach dem Abkühlen rühre ich den Senf unter und gieße die Marinade über die warmen Kartoffelscheiben. Erst beim Anrichten wird mit frischer Kresse oder Vogerlsalat garniert.

Die Steinpilze werden gesalzen, gepfeffert und paniert und in Butterschmalz goldgelb gebraten. Vor dem Servieren lässt man sie auf Küchenpapier abtropfen.

Für die Remouladensauce werden alle Zutaten vorsichtig unter die Mayonnaise gemischt. Je nach Geschmack muss evtl. noch mit etwas Salz und Pfeffer nachgewürzt werden.

Tipp!

Sie sehen, dass Kartoffelsalat auch ohne großen Aufwand etwas exquisiter zubereitet werden kann. Sollten Sie keinen Hühnerfond zur Hand haben, lösen Sie einen Suppenwürfel (Geflügel oder Gemüse) in heißem Wasser auf. Die Panier der Steinpilze kann z.B. auch mit geriebenen Kürbiskernen (zu den Bröseln) verfeinert werden.

Riesling
Bockgärten Weinrieder

Haupt-
speisen

Gedämpfter Steinbutt

mit gegrilltem Fenchel und Zucchini-Melanzani-Gemüse

Steinbutt
4 Steinbuttfilets à 160 g
Saft von 1 Zitrone
Salz | Pfeffer aus der Mühle
evtl. 1 Bouquet Garni und etwas Weißwein

Zucchini-Melanzani-Gemüse
1 kleine Zucchini, in kleine Würfel geschnitten
1 kleine Melanzani, in kleine Würfel geschnitten
1 Zwiebel, blättrig geschnitten
1 kleiner roter Paprika, entkernt, enthäutet, in kleine Stücke geschnitten
80 g Mönchsbart (ein Wegerichgewächs), geputzt und grob zerkleinert
Olivenöl
Salz | Pfeffer
Rosmarin, fein gehackt
Thymian, fein gehackt

Fenchelgemüse
1 Fenchelknolle (1 große oder 2 kleine)
Butter
Salz | Pfeffer aus der Mühle
Vakuumsackerln

Deko-Vorschlag
Meeresspargel, kurz blanchiert

Tomatenbutter für die Sauce
Kerne und Schalen von 8 Tomaten (als Überreste geschälter Tomaten)
120 g kalte Butter
etwas Weißwein

Tipp!

Melanzani sollten Sie vor der Weiterverarbeitung immer einsalzen, kurz ziehen lassen und ausdrücken, sodass das Wasser und die Bitterstoffe entzogen werden.

Die mit Salz und Pfeffer gewürzten Steinbuttfilets werden mit etwas Zitronensaft eingerieben. Je nach Dicke gare ich sie im Dämpfer für ca. 3–5 Minuten. Sollten Sie keinen Dämpfer besitzen, bringen Sie in einem großen Topf Wasser zum Kochen, geben etwas Weißwein und ein Bouquet Garni dazu, hängen ein Sieb hinein (sodass es nicht im Wasser liegt) und lassen den Fisch im Sieb dämpfen.

Für das Fenchelgemüse koche ich aus den Abschnitten des Fenchel einen Sud, den ich stark einreduziere. Die geputzte Fenchelknolle gebe ich mit etwas Butter und dem Fenchelsud in ein Vakuumsackerl und lasse sie in 80 °C heißem Wasser ca. 20 Minuten ziehen. Noch im Sackerl wird der Fenchel mit eiskaltem Wasser abgeschreckt. Die Knolle schneide ich nun der Länge nach in ½ cm dicke Scheiben und grille sie in einer sehr heißen Grillpfanne. Anschließend würze ich sie mit Salz und Pfeffer.

Die Zwiebeln werden in etwas Olivenöl angeschwitzt und die Zucchini, Melanzani und Paprika dazugegeben. Zuletzt gebe ich den Mönchsbart dazu und schmecke alles mit Salz und Pfeffer ab. Am Schluss wird alles mit den gehackten Kräutern bestreut.

Für die Tomatenbutter werden Tomatenreste in ½ l Wasser und etwas Weißwein gekocht und auf ca. die Hälfte einreduziert. Den Sud seihe ich durch ein Blatt einer dicken Küchenrolle ab und presse die festen Reste so gut aus, dass alle Inhaltsstoffe (nicht die Struktur) mitgehen. Die so gewonnene Flüssigkeit koche ich noch einmal ein und montiere sie mit der kalten Butter (*Achtung: nicht mehr kochen*).

Grüner Veltliner
Thal Hiedler

Butter

Kalorien- und gesundheitsbewusste Ernährung hat u.a. dazu beigetragen, dass Fett und v.a. Butter in der Küche nahezu verboten sind. Gleichzeitig ist damit auch viel Geschmack verloren gegangen, da Fett nun mal ein Geschmacksträger ist. Meine Küche, in der v.a. in Saucen Butter nicht zu kurz kommt, mag nicht mager sein, aber dafür schmeckt sie ganz besonders.

Meine Bouillabaisse

Fische und Meeresfrüchte
100 g Petermännchen
100 g Rascasse (Drachenkopf)
100 g St. Pierre
100 g Steinbutt
30 g kleine Shrimps
4 Jakobsmuscheln
60 g Garnelen
8 Miesmuscheln
20 g Tintenfischarme
4 Langostinos

Suppe
1 l Fischfond *(→ Grundrezept S. 162)*
3 Schalotten, geschält und klein geschnitten
1 Knoblauchzehe, geschält und klein geschnitten
20 ml Pernod
20 ml Weißwein
20 ml Noilly Prat
80 g geschmolzene Tomaten *(→ Grundrezept S. 165)* oder Tomatensugo
150 g Gemüse (Paprika, Schalotten, Sellerie, Brokkoli, Jungzwiebel), geputzt und grob geschnitten
Salz | Pfeffer
Chilifäden
frischer Thymian
Safranpulver oder -fäden
etwas Olivenöl

Deko-Vorschlag
Knoblauchbrot
Paprika-Knoblauch-Mayonnaise
Mayonnaise *(→ Grundrezept S. 166)*
1 EL Paprikapüree *(→ Grundrezept Konfierter Paprika S. 164)*
Salz | Pfeffer
1 Spritzer Zitronensaft
1 Spritzer Tabascosauce
1 Spritzer Worcestersauce
mildes, geräuchertes Paprikapulver

Für die Suppe schwitze ich Schalotten und Knoblauch in Olivenöl an, flämme sie mit Pernod (bei einem E-Herd sollten Sie etwas weniger Pernod verwenden und ihn ganz einkochen lassen) und lösche mit Noilly Prat und Weißwein ab. Nach dem Aufgießen mit dem Fischfond gebe ich das Gemüse und etwas Safran dazu und lasse die Suppe 10 Minuten kochen. Mit den geschmolzenen Tomaten, Salz, Pfeffer, frischem Thymian und Chilifäden bleibt der Topf am Herd, die Hitze schalte ich auf klein zurück.

Die in mundgerechte Streifen geschnittenen Fische und die Meeresfrüchte kommen jetzt in die Suppe und ziehen für 5 Minuten.

Die vorbereitete Mayonnaise schmecke ich mit Paprikapüree (mit dem Pürierstab verarbeiteter konfierter Paprika) und -pulver ab und verfeinere sie mit je 1 Spritzer Zitronensaft, Tabasco- und Worcestersauce. Die kalte Mayonnaise wird in kleinen Schälchen gereicht. So kann sie bei Tisch in die Suppe gerührt oder großzügig auf das Knoblauchbrot verteilt werden.

Tipp!
Es können auch alle anderen festkochenden Fischsorten verwendet werden. Wichtig ist, dass Sie frische Fische nehmen. Auf meiner Speisekarte am Freitag ist dieses Gericht ein nicht mehr wegzudenkender Bestandteil und wird dort als Hauptspeise angeboten.

Rioja Blanco Antea
Marqués de Cáceres

Gedämpfte Äsche auf Gemüsegröstl

mit Mangoldkugeln

Äsche
650 g Äschenfilets
1 weiße Zwiebel, in Würfel geschnitten
1 Knoblauchzehe, fein geschnitten
1/4 l Fischfond *(→ Grundrezept S. 162)*
Salz
Zitronensaft
1 Thymianzweig, ganz
etwas Butter
etwas Öl

Gemüsegröstl
150 g Karotten, in Scheiben geschnitten
150 g Sellerie, in Scheiben geschnitten
150 g Lauch (weißer Teil), in Scheiben geschnitten
300 g Kartoffeln, in der Schale gekocht
1 Thymianzweig, abgerebelt
1 Schuss Fischfond *(→ Grundrezept S. 162)*
etwas Butter
Salz | Pfeffer aus der Mühle

Mangoldkugeln
4 Mangoldblätter, ganz
100 g Blattspinat
1 kleine Zwiebel, fein geschnitten
Salz | Pfeffer aus der Mühle
Muskat
etwas Butter

Zum Anrichten
Graukässauce
1/8 l Weißwein
50 g Kartoffeln
1/4 l Schlagobers
50 g Graukäse
1/8 l Fischfond *(→ Grundrezept S. 162)*
etwas Butter

Die Fischfilets werden kurz vor der Zubereitung gesalzen und mit Zitronensaft beträufelt. In einer Kasserolle schwitze ich in heißem Öl Zwiebelwürfel und Knoblauch leicht an, gebe den Thymian dazu und lösche mit dem Fischfond ab. Wenn dieser kurz aufgekocht ist, lege ich die Fischfilets mit der Hautseite nach unten auf das Zwiebelbett, ziehe die Kasserolle vom Herd und lasse den Fisch ca. 6 Minuten zugedeckt ziehen (er soll innen glasig bleiben).

Für die Mangoldkugeln wird Zwiebel in Butter angeschwitzt, der Spinat kurz darin geschwenkt und mit Salz, Pfeffer und Muskat gewürzt. Die Mangoldblätter blanchiere ich in Salzwasser, schrecke sie kalt ab, trockne sie mit Küchenpapier und fülle sie mit dem Spinat so, dass ich sie zu Kugeln rollen kann. Vor dem Servieren werden die Kugeln noch einmal in heißer Butter gewendet.

Für das Gröstl werden die Gemüsescheiben nacheinander in Salzwasser blanchiert und kalt abgeschreckt. Die geschälten Kartoffeln, in Scheiben geschnitten, werden gemeinsam mit dem Gemüse und dem Thymian in heißer Butter geschwenkt. Dann lösche ich mit einem Schuss Fischfond ab, lasse ihn kurz verkochen und röste die Zutaten fertig. Je nach Intensität des Fischfonds wird mit Salz und Pfeffer abgeschmeckt.

Für die Graukässauce werden alle Zutaten zu einer sämigen Sauce verkocht.

Chardonnay
Lores Reinisch

Geschmortes Kalbsbackerl

mit Pfifferlingen und Salbeipolenta

Kalbsbackerl mit Pfifferlingen
1.25 kg Kalbsbackerln, zugeputzt
250 g Schalotten, fein geschnitten
1/2 EL Tomatenmark
1/2 l kräftiger Rotwein
1/2 l Hühner- oder Kalbsfond
(→ Grundrezept S. 162)
2 kleine Karotten, längs halbiert
12 Schalotten, halbiert
120 g kleine Pfifferlinge
Salz | weißer Pfeffer aus der Mühle
Mehl zum Bestäuben
Olivenöl
Butter
1 Bouquet Garni (1 kleine Stange Sellerie, 2 Petersilienstängel, 1 Lorbeerblatt, 3–4 Rosmarinzweige)
kleine Thymianzweige, frisch
kleine Bohnenkrautzweige, frisch

Salbeipolenta
0.4 l Gemüse- oder Hühnersuppe
(→ Grundrezept S. 162)
200 ml Weißwein
200 g Polentagrieß, fein
1 Lorbeerblatt, ganz
Salz | 1 Prise weißer Pfeffer
7 frische Salbeiblätter, geschnitten
Schale von 1 unbehandelten Zitrone
20 g Parmesan, frisch gerieben
150 ml kalte Milch
Butter

Deko-Vorschlag
mitgebratene Schalotten und Karotten

Die mit Salz und Pfeffer gewürzten Kalbsbackerln werden leicht mit Mehl bestäubt, in einem gusseisernen Bräter in wenig Öl etwa 10 Minuten auf der Hauptseite (der halbrunden) angebraten und aus dem Fett genommen.

Im selben Bräter erhitze ich Olivenöl und Butter, brate darin die Schalottenwürfel leicht an, rühre das Tomatenmark ein und lösche mit der Hälfte des Rotweines ab. Wenn dieser leicht eingekocht ist, lege ich das Fleisch wieder hinein, füge das Bouquet Garni dazu und stelle in drei weiteren Schritten (Wein dazugießen und einkochen lassen) den Fond her. Mit einem Deckel wird der Bräter nun in den vorgeheizten Ofen gestellt und bei 190 °C ca. 1 ½ Stunden gegart. Nach ½ Stunde werden die halbierten Karotten und Schalotten hinzugefügt. Sobald der Fleischsaft im Bräter dicklich wird, kann immer wieder etwas Fond oder Wasser nachgegossen werden. Zum Servieren wird der Bratensaft durch ein feines Sieb abgeseiht, gut ausgedrückt und gegebenenfalls noch einmal einreduziert.

Kurz vor dem Servieren werden die geputzten Pfifferlinge in heißer Butter mit Thymian und Bohnenkraut leicht angebraten.

Für die Polenta werden Wasser und Suppe zum Kochen gebracht, der Polentagrieß eingerührt und mit einem Lorbeerblatt 30 Minuten köcheln gelassen. Inzwischen schwitze ich die geschnittenen Salbeiblätter kurz in Butter an, nehme den Polentatopf vom Feuer, gebe die Salbeiblätter dazu und würze mit Salz, Pfeffer und etwas Zitronenschale. Mit der Milch und frisch geriebenem Parmesan wird die Polenta zu einer sämigen Verführung abgerührt.

Blaufränkisch
Vitikult Lang

Gewichtsangaben

Gewichtsangaben sollten eigentlich nur „Krücken" sein, die beim Gehen helfen sollen, aber niemals das Gehen selber ersetzen. Mit zunehmender Kochroutine können Sie sich ruhig auf Ihr eigenes Gespür verlassen und müssen sich nicht zwangsläufig an die Gewichtsangaben in diesem Buch halten.

Kalbsfrikassee

mit Spinatspatzln

Kalbsfrikassee
750 g Kalbsschulter, zugeputzt und in Stücke geschnitten
2 Kalbsschlepp, dicker Teil, in Würfel geschnitten
1/4 l trockener Weißwein
2 Lorbeerblätter
4 Wacholderbeeren
5 Pfefferkörner
etwas Butter
3 kleine Schalotten, fein geschnitten
1 Knoblauchzehe, fein geschnitten
140 g Mehl
1 Schuss Noilly Prat
1 Schuss trockener Weißwein
etwas geriebene Zitronenschale
etwas Schlagobers
Salz
Muskat

Spinatspatzln
1 kleine Zwiebel, fein geschnitten
1 kleine Knoblauchzehe, fein geschnitten
300 g doppelgriffiges Mehl
3 Eier
1 Eidotter
65 ml Sauerrahm
1/2 Bund Petersilienblätter, fein gehackt
140 g Spinat, blanchiert
etwas Butter

Deko-Vorschlag
Kürbiswürfel, kurz gekocht und in heißer Butter geschwenkt

Tipp!

Wenn Sie statt einem Spatzlsieb eine Kartoffelpresse mit dünnen Löchern nehmen, erhalten Sie keine kleinen Spatzln, sondern dekorative lange Spatzl-Nudeln.

Die Fleischstücke stelle ich in heißem Wasser auf, gebe Weißwein, Lorbeerblatt, Wacholderbeeren und Pfefferkörner (am besten in einem Stoffsäckchen zusammen) dazu und lasse das Fleisch ca. 1 Stunde lang kochen bis es fast weich ist. Erst jetzt wird das Fleisch gesalzen und aus dem Sud genommen. Den Sud seihe ich durch ein Sieb (ausgelegt mit Küchenrolle) ab.

In etwas Butter schwitze ich nun Schalotten und Knoblauch an, lasse das Mehl mitschwitzen und gieße mit dem Fleischsud (ca. 1 Liter) auf. Nach dem Verfeinern mit etwas Noilly Part und Weißwein wird das Fleisch wieder hineingelegt und fertig gekocht. Wenn es fertig ist, nehme ich es heraus, würze die Sauce mit Zitronenschale, Salz und etwas Muskat und lasse sie weiter einkochen. Sollte sie zu dick sein, kommt etwas flüssiges Obers dazu. Vor dem Servieren wird etwas geschlagenes Obers in die Sauce gerührt und das Fleisch wieder eingelegt.

Für die Spatzln werden Zwiebelwürfel und Knoblauch in Butterschmalz angeschwitzt und nach dem Abkühlen mit allen anderen Zutaten in der Küchenmaschine zu einem nicht zu flüssigen Teig vermischt (gegebenenfalls mit etwas Mehl nachstäuben). Der Teig wird nun durch das Spatzlsieb direkt in gesalzenes, kochendes Wasser gearbeitet. Ich verwende nie die ganze Masse auf einmal, da die Spatzln leicht zusammenkleben können. Sobald sie oben schwimmen, werden sie mit einem Lochschöpfer aus dem kochenden Wasser genommen und mit Eiswasser abgeschreckt. Vor dem Servieren schwenke ich sie noch einmal in heißer Butter.

Grüner Veltliner
Thal Hiedler

Milchkalbskotelett auf Pfifferlingen

mit Kartoffellaibchen und Walnusspesto

Kalbskoteletts und Pfifferlinge
4 Kalbskoteletts à 180 g
Salz | Pfeffer
40 g Pfifferlinge, gewaschen und geputzt
1/2 Bund Petersilie, fein gehackt
etwas Butter
Salz | Pfeffer aus der Mühle

Kartoffellaibchen
300 g speckige Kartoffeln, in der Schale gekocht
1 kleiner Bund Thymian, gerebelt
etwas Butter
Salz, Pfeffer, Muskat
2 Eidotter
1 Scheibe Bauchspeck (1 cm dick), würfelig geschnitten
1 EL Parmesan, gerieben
etwas doppelgriffiges Mehl zum Wenden

Walnusspesto
80 Walnusskerne
1 Knoblauchzehe
1/2 Bund glatte Petersilie
30 g Parmesan, frisch gerieben
100 ml Olivenöl

Jedes Kalbskotelett wird mit einem Faden rundherum in Form gebunden, sodass es rund bleibt. Nach dem Salzen und Pfeffern werden sie in einer Grillpfanne von beiden Seiten kurz bei hoher Hitze angebraten und bei 185 °C ca. 8 Minuten im eigenen Bratensaft im Backrohr fertig gebraten.

Die Pfifferlinge sautiere ich kurz in heißer Butter, würze sie am Schluss mit Salz und Pfeffer und gebe nach Geschmack Petersilie dazu.

Für die Laibchen werden die Kartoffeln (sie können auch vom Vortag sein, damit sie nicht warm sind) zerdrückt. Dazu gebe ich Thymian und Bauchspeck, die ich vorher in etwas Butter angeschwitzt habe, abgekühlt dazu. Mit Salz, Pfeffer und Muskat schmecke ich die Masse ab und rühre die Dotter darunter. Zuletzt wird Parmesan dazugegeben. Mit zwei Esslöffeln forme ich Laibchen, die ich in etwas Mehl wende und in heißer Butter von beiden Seiten goldgelb anbrate. Im Backrohr lässt man sie bei mittlerer Hitze fertig ziehen (aber nicht austrocknen).

Für das Walnusspesto werden alle Zutaten im Cutter so lange zerkleinert und vermischt, bis ein feines Püree daraus wird.

Blauburgunder
Gottardi

Kalbsleber im Netz gebraten

mit Kartoffelpüree, Babyblattspinat und Marillenchutney

Kalbsleber im Netz
640 g Kalbsleber
1 Schweinsnetz, gewässert (beim Metzger bestellen)
4–6 Speckscheiben, sehr dünn geschnitten
2 EL Kräuter, fein gehackt (Kerbel, Petersilie, Salbei und Zitronenthymian)
Pfeffer aus der Mühle
Öl zum Anbraten

Kartoffelpüree
400 g mehlige Kartoffeln, in der Schale gekocht, heiß geschält und gepresst
1/8 l Milch
50 g Butter
1 EL Crème fraîche
Salz | Pfeffer aus der Mühle
Muskat

Blattspinat
500 g Babyblattspinat, geputzt, gewaschen
Salz | Pfeffer
Muskat
etwas Olivenöl

Deko-Vorschlag
Borretschblüten
Marillenchutney
(→ Grundrezept S. 166)

Das Schweinsnetz wird mit den Speckscheiben so belegt, dass sich ein Rechteck ergibt, auf dem später die Leber Platz hat. Den Speck bestreue ich mit den Kräutern und Pfeffer (kein Salz, das würde die Leber zäh machen) und lege die Leber darauf. Das Netzt wird gut eingewickelt, in der Pfanne rundherum kurz angebraten und im Rohr bei 185 °C im eigenen Bratensaft ca. 7 Minuten lang fertig gebraten.

Für das Püree rühre ich auf niedriger Temperatur in die gepressten Kartoffeln heiße Milch, in der ich vorher die Butter aufgelöst habe, so gut ein, dass ein glattes Püree entsteht. Nach dem Würzen mit Salz, Pfeffer und Muskat nehme ich das Püree vom Herd und mische die kalte Crème fraîche unter.

Der Spinat wird nur kurz in heißem Olivenöl durchgeschwenkt und mit Salz, Pfeffer und Muskat abgeschmeckt.

Tipp!

Mit etwas Trüffelbutter (aus dem Feinkostgeschäft) können Sie das Püree am Schluss noch zu einer besonderen Delikatesse verfeinern.

Gewürztraminer
Gottardi

Geschmorte Rindsschulter

mit weißer Polenta, Morcheln und Gemüse

Rindsschulter und Gemüse
1–1.2 kg Rindsschulter
80 g Morcheln
12 Stangen grüner Spargel
12 kleine Karotten im Ganzen
2 Schalotten, gewürfelt
2 Karotten, gewürfelt
1 Selleriestange, gewürfelt
3 Knoblauchzehen
4 Gewürznelken
1 Zimtstange
2 Rosmarinzweige
2 Thymianzweige
1 Lorbeerblatt
1 EL Tomatenmark
0.7 l kräftiger Rotwein
Butterschmalz oder Olivenöl zum Anbraten
Salz | Pfeffer aus der Mühle
etwas Butter
etwas Zucker

Weiße Polenta
0.4 l Hühnerfond *(→ Grundrezept S. 162)*
oder Wasser
2 Schalotten, fein geschnitten
1 Knoblauchzehe, fein geschnitten
100 g weißer Polentagrieß
30 g Parmesan, frisch gerieben
Salz | weißer Pfeffer aus der Mühle
1 Prise geriebene Muskatnuss
Butter zum Anbraten

Tipp!

Beim Polentakochen gilt als Faustregel das Verhältnis 1 Teil Polentagrieß, 4 Teile Flüssigkeit.

Die gesalzene und gepfefferte Rindsschulter brate ich in Butterschmalz oder Olivenöl von allen Seiten in einer feuerfesten Form an (bis sich eine leicht Kruste gebildet hat). Nun kommt das geschnittene Gemüse dazu, das mit den Gewürzen und dem Tomatenmark leicht mitgeröstet wird. Nach dem Ablöschen mit dem Rotwein lasse ich alles abgedeckt im vorgeheizten Backrohr eine 1 ½ Stunden bei 185 °C weiterbraten. Hin und wieder sollte das Fleisch gewendet werden. Dann reduziere ich die Temperatur auf 80 °C und lasse die Schulter so lange weiterbraten, bis sie bei der Gabelprobe von der Gabel fällt (ca. ½ Stunde).

Für die Gemüsebeilage werden Karotten in Wasser mit etwas Zucker, Salz und Butter bissfest gekocht. Der grüne Spargel wird kurz blanchiert und kalt abgeschreckt. Die Morcheln brate ich in Butter an und gebe hier vor dem Servieren die Karotten und Spargel dazu. Alles gemeinsam wird jetzt erst gesalzen und gepfeffert.

Für die Polenta werden Schalotten und Knoblauch in Butter leicht angeschwitzt, mit Hühnerfond oder Wasser aufgegossen und zum Kochen gebracht. Unter ständigem Rühren lasse ich nun den Polentagrieß einrieseln. Die Polenta soll unter ständigem Rühren leicht köcheln. Wenn sie fertig ist, wird sie vom Feuer genommen und erst jetzt mit Salz, Pfeffer, Muskat und Parmesan gewürzt. Anschließend streiche ich die Polenta in eine eingefettete Form, lasse sie kalt werden, schneide hübsche Stücke daraus und brate sie in etwas Butter an.

Blauburgunder
Gottardi

Saisonen nutzen

Zutaten schmecken dann am besten, wenn sie Saison haben. Auch wenn man heute schon das ganze Jahr nahezu alles bekommen kann, so würde ich im Oktober keinen weißen Spargel mehr servieren. Und wir alle wissen, wie Tomaten im Winter schmecken.

Fiakergulasch

Gulasch
1,2 kg Rindsschulterblatt, in Stücke geschnitten
1 l heiße Rindsuppe
(→ Grundrezept S. 163)
1 kg Zwiebeln, grob geschnitten
2 Knoblauchzehen, fein geschnitten
5 EL Paprikapulver, süß
1 TL Paprikapulver, scharf
1 EL Tomatenmark
1 TL Majoran, gerebelt
1/2 TL Kümmel, gemahlen
Schale von 1/2 Zitrone
1 Schuss Essig
Öl zum Anbraten
Salz | Pfeffer aus der Mühle

Zum Anrichten
dunkles Wurzelbrot

Deko-Vorschlag
4 Spiegeleier
4 Essiggurken
frittierte Petersilie

Zwiebeln und Knoblauch brate ich hellbraun an, röste das Fleisch mit, papriziere es und gebe Tomatenmark und Kümmel dazu. In Portionen, damit das Fleisch gerade immer bedeckt ist, gieße ich mit heißer Rindsuppe auf und lasse das Fleisch so lange köcheln, bis es mürbe ist. Dann nehme ich das Fleisch heraus und schmecke die Sauce mit Salz, Pfeffer, den Kräutern, etwas geriebener Zitronenschale und einem Schuss Essig ab. Vor dem Servieren wird das Fleisch noch einmal eingelegt.

Tipp!

Je nach Geschmack können Sie die Sauce mit dem Mixstab pürieren oder sie so belassen.

Rosa gebratener Tafelspitz

mit Markkruste und eingebrannten Bohnen

Tafelspitz
800 g Tafelspitz
Salz | Pfeffer aus der Mühle
etwas Olivenöl zum Anbraten

Bohnen
12 breite Bohnen
2 mittelgroße Schalotten, fein geschnitten
2 Knoblauchzehen, fein geschnitten
3 EL Butterschmalz
2 EL Speckwürfel
2 Bohnenkrautzweige, abgerebelt und fein gehackt
2 Thymianzweige, abgerebelt
1 EL Mehl zum Einbrennen
etwas Rind- oder Hühnersuppe
(→ Grundrezept S. 162)
Salz | Pfeffer aus der Mühle
Muskat
etwas Zucker
1 Schuss Balsamico Essig

Markkruste
2 Markknochen, längs halbiert
100 g Butter, schaumig gerührt
2 EL Semmelbrösel
1 Eidotter
2 EL Schnittlauch, fein geschnitten
Salz | Pfeffer aus der Mühle
Muskat
1 Prise gemahlene Muskatblüte

Deko-Vorschlag
Schafgarbenblüte

Das Fleisch wird an der Fettschicht kreuzweise angeschnitten, gesalzen und gepfeffert und dann von beiden Seiten scharf angebraten (zuerst auf der Fettseite). Dann brate ich den Tafelspitz bei 165 °C ca. 20 Minuten im Rohr weiter und lasse ihn, mit einer Folie bedeckt, an einer warmen Stelle rasten, bevor ich ihn in dünne Scheiben schneide und anrichte.

Von den Bohnen entferne ich beide Enden und schneide sie schräg in kleine Stücke, sodass Rauten entstehen. Diese werden in Salzwasser gekocht, bis sie bissfest sind. Währenddessen rühre ich das Mehl in heißes Butterschmalz ein und lasse unter Rühren eine dunkle Einbrenn entstehen. Zu dieser werden Zwiebel, Knoblauch, Speck und Thymian gegeben. Mit etwas Suppe gieße ich die Einbrenn auf, schmecke mit Salz, Pfeffer, Bohnenkraut, etwas Zucker und Muskat ab und gebe die abgeseihten Bohnen dazu. Je nach Geschmack kann noch mit etwas Balsamico Essig verfeinert werden.

Für die Markkruste werden Butter, Eidotter, Brösel, Salz, Pfeffer, Muskat, Muskatblüte gut vermischt und mit Schnittlauch gewürzt. Die Masse streiche ich auf die Schnittfläche der Markknochen, die bei vorgeheizter Grillfunktion (oder Oberhitze, heißeste Stufe) kurz überbacken werden.

Tipp!

Für jeglichen Braten empfehle ich Ihnen, ihn vor dem Servieren zugedeckt rasten zu lassen. So kann sich der Saft im Fleisch gut verteilen.

Merlot
Pfneisl

Der Restlteller

Bevor ich ein Menü plane, schaue ich in mein Kühlhaus und in meine Vorratsschränke. Was ist da und kann genüsslich verwendet werden? Sie haben noch schöne Karotten im Kühlschrank? Dann vergessen Sie die Kartoffelsuppe auf dem Menüplan und zaubern stattdessen ein Karottenschaumsüppchen. Vom Tafelspitz am Wochenende sind noch die Randstücke da? Die Vorspeise Ihrer Einladung könnte ein saurer Rindfleischsalat mit Kürbiskernöl sein. Abgesehen von einer wirtschaftlich sinnvollen Küchenführung erfahren Sie so auch die Vielseitigkeit von Nahrungsmitteln und Speisen.

Gekochtes Rindfleisch

mit Gemüse und Kartoffeln in Suppe

Rindfleisch
800 g Hüferschwanzl, im Ganzen
1 l Rindsuppe *(→ Grundrezept S. 163)*
evtl. etwas Salz

Gemüse und Kartoffeln
1 Handvoll Broccoliröschen
1 Handvoll Romanescoröschen
1 Karotte, geschält und in Streifen geschnitten
1 gelbe Rübe, geschält und in Streifen geschnitten
8 kleine Kartoffeln, geschält und geviertelt
Salz
Öl

Zum Anrichten
Schnittlauchsauce
3 Eidotter, hartgekocht
2 Eidotter, roh
1/4 l Olivenöl, zimmerwarm
2 Semmeln, entrindet, in Wasser eingeweicht und passiert
2 EL Schnittlauch, sehr fein gehackt
Salz
etwas Zitronensaft
1 Prise Zucker
etwas Essig (nach Geschmack)

Das Fleisch lege ich ungesalzen in kochende Rindsuppe und lasse es so lange garen, bis es weich ist. Je nach Geschmack muss die Suppe noch ein wenig gesalzen werden, dies allerdings erst kurz bevor das Fleisch fertig ist. Vor dem Servieren portioniere ich das Fleisch in Scheiben und reiche es entweder in der Suppe aber auch separat.

Broccoli und Romanesco werden in Salzwasser blanchiert und in Eiswasser abgeschreckt. Mit Karotten und Rübenstreifen wird ebenso verfahren (aber in einem separaten Topf). Die Kartoffeln koche ich in Salzwasser weich und wärme sie am Schluss gemeinsam mit dem Gemüse in etwas heißem Öl. In einem Topf oder einer Schüssel richte ich das Gemüse nun schön an und gieße Suppe darüber.

Die Schnittlauchsauce bereite ich nach einem traditionsreichen Rezept aus dem großen Sacher Kochbuch (Franz Maier-Bruck) zu, indem ich die hartgekochten Eidotter passiere und mit den rohen Dottern gut verrühre. Nach dem Würzen mit Zitrone, Salz und Zucker mische ich die Semmeln darunter und rühre alles mit langsam einfließendem Öl auf (wie bei einer Mayonnaise). Zuletzt rühre ich den Schnittlauch unter.
Je nach Geschmack verdünne ich sie evtl. noch mit etwas Essigwasser zu einer flüssigeren Sauce.

Tipp!
Übriges Fleisch können Sie sehr gut als kaltes Rindfleisch servieren. Dafür schneiden Sie es in dünne Scheiben, marinieren es mit fein geschnittenen Schalotten und Kürbiskernöl und bestreuen es mit etwas Fleur de Sel (grobes Meersalz).

Weißburgunder
Papageno Allram

Variante
Kaltes Rindfleisch

Übung macht den Meister

Je öfter ich Speisen zubereite, desto besser werden sie. Das hat zum einem mit der wachsenden Routine zu tun. Zum anderen auch mit zunehmender Freude am Improvisieren. Ich spiele dann mit Gewürzen und Zutaten, wandle sie ab und experimentiere, bis *meine* Kreation daraus entstanden ist.

Ochsenschleppragout

mit Selleriepüree

Ochsenschleppragout
4 schöne dicke Ochsenschleppscheiben
1 kg Sellerie, Karotten und Zwiebel, grob geschnitten
4 Knoblauchzehen, geschält und grob geschnitten
1/2 l Lagrein Dunkel
1/2 l Rindsuppe
(→ Grundrezept S. 163)
Olivenöl
1 EL Tomatenmark
2 Thymianzweige, ganz
2 Rosmarinzweige, ganz
Salz | Pfeffer aus der Mühle

Selleriepüree
→ Grundrezept S. 164

Die gesalzenen Fleischscheiben werden in einem Bräter in heißem Öl von beiden Seiten angebraten und herausgenommen. Im selben Öl schmore ich Gemüse, Knoblauch Thymian und Rosmarin leicht an, gebe Tomatenmark dazu und lösche mit dem Wein ab. Wenn der Sud leicht einreduziert ist wird das Fleisch hineingelegt, gepfeffert und mit der Rindsuppe bedeckt. Bei 180 °C lasse ich im Ofen nun alles so lange schmoren, bis das Fleisch weich ist. Dann kann es herausgenommen, ausgelöst und von überschüssiger Haut befreit werden. Die Sauce lasse ich am Herd weiter einreduzieren, entferne die Kräuterzweige und schmecke sie mit Salz und Pfeffer ab.

Die Fleischstücke werden vor dem Servieren noch einmal ein der Sauce erwärmt und mit Ragout und Selleriepüree angerichtet.

Merlot
Pfneisl

Bester Ochsenschlepp

Mein bestes Ochsenschleppgericht war jenes, das ich vor vielen Jahren mit einem Château Montrose aus der Magnumflasche aufgegossen habe.

Gebackenes Lammkotelett und rosa Rücken

auf Ratatouille und Bärlauchgnocchi

Lammkoteletts und rosa Rücken
4 Lammkoteletts
1/2 Rücken, ausgelöst mit Fettschicht (300–400 g) — den Teil ohne Rippen
100 g Sobrasada (Wurstspezialität aus Schweinefleisch), im Ganzen
Salz | Pfeffer
Brösel mit gehackten Kürbiskernen, Mehl und Eier zum Panieren
Butterschmalz

Ratatouille
1 kleine Zucchini, grün
1 kleine Zucchini, gelb
1 kleine Melanzani
3 Schalotten, grob geschnitten
4 Knoblauchzehen, grob geschnitten und blanchiert
1 Prise Kräuter der Provence
1 Dose Tomaten, geschält und gewürfelt
1 Prise Zucker
Salz | Pfeffer aus der Mühle

Bärlauchgnocchi
Gnocchi *(→ Grundrezept S. 164)*
150 g fein geschnittener Bärlauch

Zum Anrichten
Lamm-Demi-Glace
(→ Grundrezept Fond S. 162)

Tipp!

Wenn Sie keine Fritteuse haben, können Sie die Koteletts in einem Gemisch aus Hälfte Öl und Butterschmalz goldbraun schwimmend in der Pfanne braten. Am Schluss noch etwas Butter dazugeben.

Die mit Salz und Pfeffer gewürzten Lammkoteletts werden paniert, bei 165 °C in der Fritteuse 1 Minute gebraten und danach in einer Pfanne mit heißer Butter knusprig gebacken.

Den Lammrücken belege ich mit der Sobrasada, rolle ihn ein und binde ihn mit einem Faden zu. Von außen wird der gerollte Rücken gesalzen und gepfeffert und in Butterschmalz von allen Seiten angebraten. Danach kommt er für 12 Minuten in den 180 °C heißen Ofen. Vor dem Servieren lasse ich ihn noch kurz bei Raumtemperatur, mit Alufolie abgedeckt, rasten, entferne den Faden und portioniere ihn.

Für das Röstgemüse werden Zucchini, Melanzani und Sellerie in ca. 1 cm große Würfel geschnitten. Die Melanzaniwürfel werden eingesalzen, rasten gelassen und gut ausgedrückt (so verlieren sie Wasser und Bitterstoffe). Die Zucchiniwürfel werden kurz scharf angebraten und aus der Pfanne genommen. In derselben Pfanne brate ich nun die Melanzani scharf an und nehme sie heraus. Im selben Fett werden die Schalotten kurz angeschwitzt, die Gemüsewürfel dazugegeben und der blanchierte Knoblauch beigemengt. Nach dem Würzen mit den Kräutern der Provence kommen Tomaten, Zucker, Salz und Pfeffer dazu. Alles zusammen lasse ich noch einmal kurz aufkochen.

Für die Gnocchi werden ¾ vom Bärlauch roh mit der flüssigen Butter vermixt und zur Kartoffelmasse gegeben, bevor das Mehl untergeknetet wird. Der übrige Bärlauch kommt fein geschnitten mit dem Mehl dazu.

Valpolicella Classico
Bertani

Milchlammkeule

mit Kartoffel-Kräuter-Gnocchi

Milchlammkeule
1–1.2 kg Milchlammkeule, hohl ausgelöst
3 Knoblauchzehen geschält, in nicht allzu dünne Stifte geschnitten
Salz | schwarzer Pfeffer aus der Mühle
50 g Schalotten
40 g Karotten
40 g Okra
30 g Petersilienwurzeln
30 g Stangensellerie, geputzt
30 g Lauch, geputzt
180 g Tomaten
3 EL Olivenöl
2 Thymianzweige, ganz
2 Rosmarinzweige, ganz
150 ml Lamm- oder Hühnerfond *(→ Grundrezept S. 162)*
1/2 TL edelsüßes Paprikapulver
1 EL glatte Petersilie, gehackt

Kartoffel-Kräuter-Gnocchi
Gnocchi *(→ Grundrezept S. 164)*
80 g gemischte frische Kräuter, fein gehackt

Zum Anrichten
4 Jungzwiebeln im Ganzen, dunkelgrüne Teile entfernt
4 Okra im Ganzen
etwas Butter

Tipp!

Wenn Sie die Knoblauchstifte vorab in gemahlenem weißen Pfeffer wälzen, verfärben sie sich beim Braten nicht.

Die parierte Milchlammkeule (alle Häute und Sehnen entfernt) spicke ich mit Stiften von 2 Knoblauchzehen möglichst gleichmäßig, würze sie mit Salz und Pfeffer und brate sie in heißem Öl im Bräter von beiden Seiten leicht an.

Das in grobe Stücke geschnittene Gemüse sowie die geviertelten Tomaten und der restliche Knoblauch werden dazugegeben und braten kurz mit.

Bevor die Keule im vorgeheizten Ofen bei 180 °C 35–40 Minuten weiterbrät, werden die Kräuterzweige dazugelegt.

Während der ersten 20 Minuten übergieße ich die Keule immer wieder mit ihrem eigenen Bratenfond. Dann gieße ich den Bratensatz mit Lammfond an und beträufle die Keule damit. 5 Minuten vor Ende der Garzeit kommt die Keule aus dem Ofen, wird gleichmäßig mit Paprikapulver besiebt und fertig braten. Erst vor dem Servieren streue ich die Petersilie darauf.

Aus dem Bratensaft entferne ich die Kräuterzweige, passiere ihn durch ein feines Sieb, indem ich ihn gut ausdrücke, und erhitze den Saft noch einmal, bevor ich ihn separat serviere. Eventuell muss er noch mit Salz und Pfeffer abgeschmeckt werden.

Die Gnocchi-Masse wird vor der Fertigstellung mit den gehackten Kräutern ergänzt.

Angerichtet wird die Keule mit Jungzwiebeln und Okra, die vor dem Servieren gemeinsam in heißer Butter geschwenkt werden.

Blauburgunder
Gottardi

Schlögel vom Kitz

mit kross gebratenen heurigen Kartoffeln, Artischocken und Kirschtomaten

Kitz
2 Schlögel und Schulter vom Kitz (gesamt 1.2 kg)
1/8 l Weißwein
Salz | Pfeffer aus der Mühle
4 Schalotten, grob geschnitten
2 Knoblauchzehen, grob geschnitten
2 Thymianzweige, ganz
2 Rosmarinzweige, ganz
2 Salbeiblätter, ganz
2 Thymianzweige, fein gehackt
2 Rosmarinzweige, fein gehackt
2 Salbeiblätter, fein gehackt
1 TL Tomatenmark
3 getrocknete Tomaten, gehackt
Butterschmalz
kalte Butterstücke

Kartoffeln mit Artischocken und Kirschtomaten
8 kleine Powerade-Artischocken
500 g kleine, runde Kartoffeln
8 Kirschtomaten, halbiert
1 Zitrone
1/8 l Weißwein
Pflanzenöl
Salz | Pfeffer aus der Mühle

Zum Anrichten
8 Stängel Jungzwiebel, zugeputzt und längs halbiert

Das gesalzene und gepfefferte Kitz brate ich von allen Seiten in Butterschmalz an, gebe die Schalotten, den Knoblauch und die ganzen Kräuterzweige dazu und lasse sie kurz mitschmoren. Nach dem Ablöschen mit Weißwein kommt das Kitz mit dem Sud in einen feuerfesten Topf, zugedeckt für ca. 1 ½ Stunden (bei der Gabelprobe muss das Fleisch leicht von der Gabel rutschen) bei 175 °C in den Ofen. Hin und wieder muss es gewendet werden.

Inzwischen mache ich aus den fein gehackten Kräutern, getrockneten Tomaten und Tomatenmark eine Paste, stelle den Ofen auf Grillfunktion (nach Ende der Garzeit) und bestreiche das Kitz auf der oberen Seite. Nach kurzem Gratinieren kann das Fleisch herausgenommen und portioniert werden.

Vor dem Anrichten wird das Saftl vom Kitz mit Butter montiert und am Teller über das Fleisch gegeben.

Die ungeschälten Kartoffeln werden in Salzwasser auf den Punkt gekocht. Von den Artischocken werden die äußeren Blätter entfernt, die oberen ⅔ des Gemüses weggeschnitten und der Strunk mit dem Messer in Form gebracht. Um Verfärbungen zu vermeiden, lege ich die geviertelten Artischocken bis zur Weiterverarbeitung in Zitronenwasser.

Die fertigen Kartoffeln werden halbiert und an der Schnittfläche kross angebraten, geschwenkt, gesalzen und gepfeffert. Die halbierten Kirschtomaten brate ich zum Schluss mit den Kartoffeln scharf mit.

Die Artischocken brate ich separat an, lösche sie mit etwas Weißwein ab und lasse sie köcheln bis sie weich sind. Kurz bevor der Weißwein verdunstet ist, gebe ich die Jungzwiebeln dazu. Wenn das Gemüse trocken ist, kann man es, je nach Geschmack, noch einmal kurz in Butter anbraten.

Rubin Carnuntum
Markowitsch

Hirschkalbsragout

mit Schupfnudeln

Hirschkalbsragout
800 g Hirschkalbsschlögel, ganz fein geschnitten
3 Schalotten, fein gehackt
1 Knoblauchzehe, fein gehackt
1 Thymianzweig, fein geschnitten
1 Rosmarinzweig, fein geschnitten
etwas Wacholderbeeren, geschrotet
1 EL Preiselbeerkompott
1/2 EL schwarzes Hollundergelee
1/4 l dunkler, schwerer Rotwein
1/2 l Wildfond
(→ Grundrezept S. 162)
Salz | Pfeffer aus der Mühle
evtl. etwas Schlagobers
Butterschmalz zum Anbraten

Schupfnudeln
500 g mehlige Kartoffeln
150 g doppelgriffiges Mehl
1 Eidotter
2 ganze Eier
Salz | Pfeffer aus der Mühle
Muskat
1 EL Topfen, fett
Mehl zum Einarbeiten
Butterschmalz zum Braten

Das Fleisch würze ich kurz vor dem Braten mit Salz und Pfeffer und brate es in Butterschmalz kross an. Wenn alle Flüssigkeit verdampft ist, röste ich Schalotten, Knoblauch, Thymian, Rosmarin und Wacholder mit und gebe das Preiselbeerkompott und das Hollundergelee dazu. Mit dem Rotwein wird abgelöscht und die Sauce so lange einreduziert, bis das Fleisch wieder nahezu trocken ist. Nun gieße ich den Wildfond zu und lasse alles köcheln, bis eine Ragoutkonsistenz entsteht. Evtl. muss noch einmal mit Salz und Pfeffer abgeschmeckt werden. Je nach Gusto kann das Ragout noch mit etwas Obers verfeinert werden.

Für die Schupfnudeln werden die Kartoffeln in der Schale in Salzwasser weichgekocht und, nachdem sie gut ausgekühlt sind, geschält, passiert und gewürzt. Im Anschluss werden alle Zutaten zu einem glatten Teig verknetet, der in Rollen von ca 1–1.5 cm Dicke gewalkt wird. Davon schneide ich 1 cm breite Stücke ab, die ich mit der flachen Hand „ausschupfe". In stark kochendem Salzwasser werden die Schupfnudeln gekocht, bis sie oben schwimmen (nicht alle auf einmal kochen, sondern nach und nach). Die Nudeln werden kalt abgeschreckt und vor dem Servieren in Butterschmalz goldgelb gebacken.

Merlot
Pfneisl

Warmer Teller

Es ist kein Spleen der Haubenküche, Teller vorzuwärmen. Ich praktiziere das sogar zu Hause, wenn es nur Spaghetti gibt. Der einfache Grund ist der, dass die Speisen länger warm bleiben und während der ganzen Zeit so schmecken, wie sie schmecken sollen. Und wer isst schon gerne kalten Eintopf?

Rehrücken

mit Kartoffelknödeln und glacierter Birne

Rehrücken mit Wildsauce
900–1000 g Rehrücken, vom Metzger hergerichtet
Salz | Pfeffer aus der Mühle
Öl zum Braten

Wildsauce
→ *Grundrezept S. 163*

Kartoffelknödel
500 g mehlige Kartoffeln
2 Eidotter
50 g magerer Topfen
50 g flüssige Butter
150 g doppelgriffiges Mehl
Salz | Pfeffer aus der Mühle
Muskat

Glacierte Birne
2 Williamsbirnen, ungeschält, entkernt und halbiert
16 Pflaumen, getrocknet
1 EL Bauchspeck, klein geschnitten
1 EL Preiselbeeren oder Cranberrys, getrocknet
1 Oreganozweig, abgerebelt und fein gehackt
etwas Butter zum Braten
8 Scheiben Gemüsezwiebel, 1 cm dick

Das Fleisch wird gesalzen und gepfeffert und in einem Bräter von allen Seiten in heißem Öl angebraten. Bei 185 °C lasse ich es dann weitere 15–20 Minuten im Ofen weiterbraten. Dann nehme ich es heraus und lasse es in Alufolie gewickelt ca. 10 Minuten rasten (so kann sich der Saft gut im Fleisch verteilen), bevor ich es portionsweise schneide und mit Wildsauce anrichte.

Die Kartoffeln werden in der Schale in Salzwasser weichgekocht und, nachdem sie gut ausgekühlt sind, geschält, passiert und gewürzt. Gemeinsam mit Eidottern, Butter und Topfen arbeite ich einen geschmeidigen Teig daraus, in den ich zum Schluss das Mehl einknete. Mit bemehlten Händen werden nun kleine Knödel geformt, die in simmerndem Salzwasser ca. 8–10 Minuten garziehen.

Für die glacierten Birnen werden die Obsthälften in heißer Butter angebraten und mit Pflaumen, Bauchspeck, Preiselbeeren und Oregano ziehen gelassen. In einer separaten Pfanne brate ich in Butter die Zwiebelscheiben von beiden Seiten goldig an und richte sie mit den Birnen an.

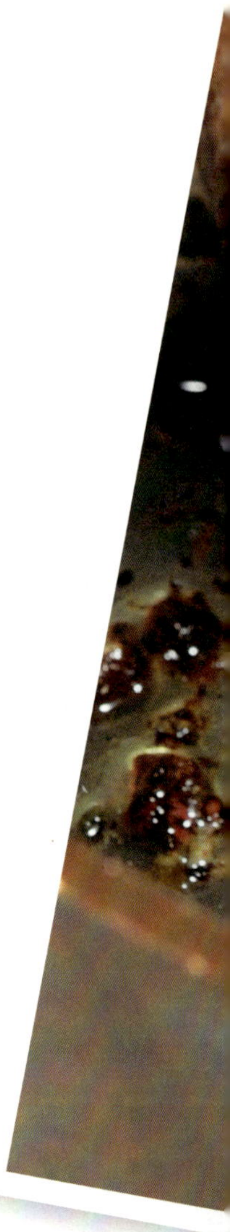

Pinot Noir
Selection Juris

Kaninchen in Paprika

mit Linsennudeln

Kaninchen
4 Kaninchenkeulen
250 g weiße Zwiebeln, in große Würfel geschnitten
je 240 g gelbe und grüne Paprika geschält, entkernt und in Rauten geschnitten
3 Knoblauchzehen geschält, ganz
1 Bouquet Garni (1 kleine Stange Sellerie, 2 Petersilienstängel, 1 Lorbeerblatt, 3–4 Rosmarinzweige)
6 EL passierte Tomaten
Salz | Pfeffer aus der Mühle
100 ml Weißweinessig
400 ml heller, auf 200 ml reduzierter Hühnerfond
(→ Grundrezept S. 162)
3 EL Olivenöl

Linsennudeln
150 g Linsenmehl (getrocknete Linsen, im Cutter fein zermahlen)
150 g Hartweizengrieß
3 Eidotter
1 Ei
1 EL Öl
Salz
(alternativ 300 g fertige Eiernudeln)
2 Karotten, geputzt
1 Sellerie, geschält
4 EL Berglinsen
1 Thymianzweig, ganz

Die Kaninchenkeulen werden mit Salz und Pfeffer eingerieben und im Bräter im heißen Olivenöl von allen Seiten angebraten. Dann werden die Zwiebeln mit angeschwitzt, Paprikarauten, Knoblauch und Bouquet Garni zugefügt und ebenfalls kurz mitgebraten. Jetzt lösche ich mit Weißweinessig ab und lasse alles mit den passierten Tomaten leicht weiterköcheln. Die Flüssigkeit erhält das Gericht durch den Geflügelfond. Zugedeckt schmoren die Keulen nun bei milder Hitze (120 °C) etwa 1 Stunde.

Währenddessen bereite ich aus Linsenmehl, Eiern, Öl, Salz und Hartweizengrieß einen glatten Teig zu, den ich 1 Stunde rasten lasse. Mit der Nudelmaschine werden daraus feine Nudeln geformt und in Salzwasser gekocht.

Mit einem kleinen Ausstecher steche ich linsenförmige Perlen aus den Karotten und dem Sellerie (ca. 4 Esslöffel) und blanchiere sie kurz in Salzwasser. Die Linsen werden ½ Stunde eingeweicht und in Salzwasser gekocht.

Zuletzt werden Linsen, Gemüselinsen und Nudeln in Butter mit einem Thymianzweig geschwenkt und mit Salz und Pfeffer abgeschmeckt.

Tipp!

Nicht alle Linsensorten muss man vorher in Wasser einweichen. Wenn Sie z.B. rote Linsen wählen, können Sie diese gleich in Salzwasser kochen.

Gewürzstubenhendl

mit Gemüse-Fülle oder mit Tomaten-Oliven-Fülle

Gewürzstubenhendl
4 Stubenhendl, Doppelbrust
oder 4 Stubenhendl, ganz

Fülle Grundmasse
90 g Knödelbrot
100 ml Milch, warm
1 Ei
Salz | Pfeffer aus der Mühle
Muskat

Variante 1
Gemüse-Fülle
2 kleine Karotten, in feinste Würfel geschnitten
2 kleine gelbe Rüben, in feinste Würfel geschnitten
1/4 Knolle Sellerie, in feinste Würfel geschnitten
1 Jungzwiebel, in dünne Scheiben geschnitten
1 EL Schnittlauch, fein geschnitten
etwas Butter
Salz
etwas Öl

Variante 2
Tomaten-Oliven-Fülle
1 Handvoll getrocknete, eingelegte Tomaten, fein gehackt
2 EL schwarze Oliven, entkernt, grob gehackt
8 frische Salbeiblätter, gehackt
40 g Chorizo, fein geschnitten
etwas Olivenöl

Sauce für Tomaten-Oliven-Fülle
Olivenöl
Paprikapulver
Zwiebelsamen (aus dem Asiashop)

Hier werden nicht nur zwei unterschiedliche Füllungen, sondern auch zwei unterschiedliche Zubereitungsarten vorgestellt:

Für die Grundmasse der Fülle wird Knödelbrot mit Milch, Salz, Pfeffer, Muskat und den verquirlten Eiern vermischt und mit Alufolie bedeckt ziehen gelassen.

Für das Hendl mit Gemüse-Fülle blanchiere ich die Gemüsewürfel in Salzwasser mit etwas Butter, seihe sie ab und vermische sie mit der Grundmasse, die ich am Schluss mit Schnittlauch abschmecke.

Die Hendlbrust wird im Schmetterlingsschnitt aufgeschnitten, mit Fülle bestrichen, eingerollt und mit Alufolie wasserdicht umwickelt. Bei 80 °C zieht die Roulade ca. 20 Minuten im Wasser und wird danach in der Alufolie von allen Seiten in einer Pfanne ohne Öl angebraten. Vor dem Servieren schneide ich die Roulade in appetitliche Scheiben.

Bei der Variante Hendl mit Tomaten-Oliven-Fülle wird das Hendl im Ganzen belassen. Für die Fülle wird Salbei in etwas Olivenöl angeschwitzt und mit Tomaten, Oliven und Chorizo ergänzt. Die Masse wird gut mit der Grundmasse vermischt und das Hendl damit gefüllt. Bei 185 °C lasse ich es im Rohr ca. ½ Stunde braten.

Aus Olivenöl, Paprikapulver und Zwiebelsamen bereite ich eine dicke Sauce, mit der ich das Hendl während des letzten Drittels der Garzeit immer wieder bestreiche (nicht früher, da sonst die Samen verbrennen und bitter werden).

Tipp!

Aufgrund der Brotfülle kann hier die Sättigungsbeilage ruhig entfallen und z.B. ein Salat dazugereicht werden.

Pinot Noir
Selection Juris

Chorizo

In meinen jungen Berufsjahren schnupperte ich u.a. spanischen Küchenduft. Seit damals ist mir Chorizo – eine spanische Paprikawurst – in schmackhafter Erinnerung geblieben und ich versuche sie, wo immer möglich, in meine Kreationen einfließen zu lassen. Freunde und Bekannte, die nach Spanien reisen, erhalten von mir daher auch immer den Auftrag, diese Wurst mitzubringen.

Geschmorte Ente

mit Brezenknödel und Rahmwirsing

Ente
1.7–1.8 kg Ente im Ganzen
1 große Zwiebel, grob geschnitten
1 Apfel, ungeschält und grob geschnitten
1 Orange, ungeschält, gewaschen und grob geschnitten
Majoran, gerebelt
Salz | Pfeffer aus der Mühle
Petersilienstängel, klein gehackt
Sonnenblumenöl zum Bestreichen

Rahmwirsing
1/2 Kopf Wirsing, in dünne Streifen geschnitten
etwas Butter zum Anbraten
1 Knoblauchzehe, fein geschnitten
2 Schalotten, fein geschnitten
etwas Schlagobers
Salz | Pfeffer aus der Mühle
Muskat

Brezenknödel
400 g altbackene Laugenbrezen, grob geschnitten
250 ml Milch
4 ganze Eier
1 EL Petersilie, fein gehackt
2 Schalotten, fein gehackt
Salz, Pfeffer, Muskatnuss
etwas Butter

Glacieren der Ente
etwas Borretschkraut
1 EL Orangenmarmelade
1 EL Honig
Pfeffer aus der Mühle

Tipp!

Das, was von der Ente nach dem Tranchieren übrig bleibt (also die Fülle, übrige Knochen und Fleischstücke etc.), können Sie sehr gut zum Zubereiten einer Entensuppe verwenden (→ Geflügelfond S. 162).

Möglicherweise muss die Ente noch von Federresten befreit werden, was durch Zupfen oder Abflämmen erreicht wird. Dann salze ich sie innen ein und fülle sie mit Zwiebel-, Orangen- und Apfelstücken sowie mit Majoran, noch etwas Salz, Pfeffer und Petersilienstängeln. Die Öffnung schließe ich mit einem Holzspieß.

Aus Öl, Salz und Pfeffer bereite ich eine Mischung zu, mit der ich die Ente außen bepinsle. Jetzt wird sie auf einen Rost gegeben, der auf einem tiefen Backblech liegt, und ca. 1 ½ cm hoch mit Wasser befüllt wird. So kommt die Ente ins Rohr und wird bei 170 °C Heißluft ca. 1 ½–2 Stunden gebraten. Nach der halben Bratzeit sollte man sie immer wieder mit dem Sud aus dem Backblech übergießen.

Um die Ente schön zu glasieren, wird das Borretschkraut fein gehackt, mit Orangemarmelade erwärmt und mit Honig vermischt. Kurz vor dem Ende der Bratzeit wird die Ente damit eingepinselt und fertig gebraten. Angerichtet wird die Ente ohne die Fülle.

Für die Knödel schwitze ich die Schalotten in Butter leicht an, gieße die Milch zu und lasse sie leicht köcheln, bis die Schalotten weich sind. Die abgekühlte Milch gebe ich zu den Brezenstücken und würze mit Salz, Pfeffer, Muskatnuss und der Petersilie. Mit den Eiern lasse ich die Masse nun mindestens ½ Stunde ziehen. Um das Einfetten zu vermeiden, lege ich auf ein Stück Alufolie ein gleich großes Stück Frischhaltefolie, streiche die Masse darauf und wickle das Ganze dicht wie ein Bonbon ein. Dieses lasse ich im Wasserbad ca. 30–35 Minuten kochen. Nach dem Auswickeln wird der Knödel in dünne Scheiben geschnitten.

Für den Rahmwirsing werden die grünen Wirsingteile im Salzwasser blanchiert, bis sie an die Oberfläche kommen, dann gebe ich die weißen Teile dazu. Alles zusammen schrecke ich in Eiswasser ab. Nun werden Schalotten und Knoblauch in Butter angeschwitzt und mit Obers abgelöscht. Nach dem Abschmecken mit Salz, Pfeffer und Muskat lasse ich den Wirsing darin kurz heiß werden.

Blaufränkisch
Vitikult Lang

Desserts

Salzburger Nockerln

mit Ribiselmarmelade

Salzburger Nockerln
11 Eiweiß
4 Eidotter
90 g Zucker
12 g glattes Mehl
15 g Vanillezucker
15 g Backpulver
1 TL geriebene Zitronenschale
1 Prise Salz
etwas Butter
etwas Staubzucker
Ribiselmarmelade zum Anrichten

Tipp!

Am besten verwenden Sie zum Einrühren der Zutaten in den Eischnee eine Gummispachtel oder die gespreizten Finger.

Das Eiweiß wird mit Salz und ⅓ des Zuckers steifgeschlagen. Den restlichen Zucker rühre ich sehr vorsichtig unter, ebenso die Eidotter, Zitronenschale, Vanillezucker und das gesiebte Mehl mit dem Backpulver. Zu intensives Umrühren lässt den Schnee zusammenfallen, weshalb an dieser Stelle eher von Unterheben als Unterrühren die Rede sein sollte.

In eine eingefettete Auflaufform werden nun mit einer Teigkarte 3 Nockerln knapp aneinander gelegt und im vorgeheizten Backrohr bei 250 °C für 10–15 Minuten gebacken. Bevor ich sie heiß serviere, bestreue ich sie mit etwas Staubzucker und stelle die Ribiselmarmelade in einem separaten Schälchen dazu.

Gewürztraminer
Gottardi

Soufflierte Traubencrêpes

Crêpes
9 EL zimmerwarme Milch
3 EL glattes Mehl
1 Ei
1 Eidotter
Mark aus 1 Vanilleschote
Schale von 1/2 Limette, abgerieben
3 EL Butter, flüssig und abgeschäumt
Butterschmalz zum Backen

Fülle
20 rote Weintrauben
10 weiße Weintrauben
10 ml Grand Marnier
20 ml Rum
20 ml Rosenwasser
Mark aus 1 Vanilleschote
30 g Zucker
Saft von 1 Orange

Souffliermasse
50 g Topfen
250 ml Milch
3 Eiweiß
3 Eidotter
1 Ei
75 g Zucker
15 g Vanillepuddingpulver
Mark aus 1 Vanilleschote
Schale von 1/2 Zitrone, abgerieben

Für die Crêpes verrühre ich Milch und Mehl und arbeite mit einem Stabmixer (oder im Küchenmixer) Eier, geklärte Butter, Vanillemark, Limettenschale und Salz ein. Der Teig rastet nun 20 Minuten, bevor in Butterschmalz dünne Crêpes herausgebacken werden.

Für die Fülle blanchiere ich die Weintrauben kurz in heißem Wasser und entferne die Schalen. Der Zucker wird in einer Pfanne karamellisiert und mit Grand Marnier und Rum kurz aufgekocht. Dann gebe ich Orangensaft, Vanillemark, Rosenwasser und die Trauben dazu und lasse alles ca. 5 Minuten kochen. Sollte der Sirup zu dick werden, kommt noch etwas Orangensaft hinzu.

Für die Souffliermasse lasse ich den Topfen bereits am Vortag durch ein sauberes Küchentuch abtropfen. ⅕ der Milch wird mit 1 Ei plus 3 Dottern, Zucker und Puddingpulver verrührt. Die restliche Milch koche ich mit dem Vanillemark auf, rühre sie unter die Masse und reibe Zitronenschale dazu. Wenn die Masse abgekühlt ist, wird der Topfen eingearbeitet und zuletzt das steifgeschlagene Eiweiß untergehoben.

Die Crêpes werden nun mit der Traubenmasse gefüllt und eng aneinander in eine Auflaufform gelegt. Darüber gieße ich die Souffliermasse und lasse die süße Köstlichkeit bei 160 °C im Rohr backen, bis sie oben schön goldbraun geworden ist.

Zweigelt Eiswein
Josef Schmid

Marillenboggerl

mit Vanilleeis

Boggerl
4 gehäufte EL Weizenmehl, Type 480
4 Prisen Salz
Mark aus 2 Vanilleschoten
kalte Milch
8 Eier
Butterschmalz zum Backen
3 EL Marillenröster
Butterflocken
Staubzucker
etwas Marillenschnaps

Marillenröster
1 kg Marillen, reif und noch fest, entkernt und geviertelt, ungeschält
300 g Zucker
Saft von 1 Zitrone
etwas Weingeist

Vanilleeis
→ *Grundrezept S. 168*, Variante Vanilleeis

Tipp!

Zu diesem Gericht wurde ich inspiriert, als ich in einem Tiroler Landgasthaus Schwarzbeernocken aß, die in der Pfanne auf den Tisch kamen. Ich experimentierte mit Marillen, die gerade Saison hatten, und erntete bei meinen Gästen große Begeisterung. Probieren Sie das Boggerl doch auch mit anderen Obstsorten (der Saison) ganz nach Ihrem Geschmack.

Aus Mehl, Salz, Vanillemark und kalter Milch rühre ich einen glatten, dicken Teig, in den ich die Eier locker einschlage. Nachdem der Teig ¼ Stunde gerastet hat, lasse ich in einer Pfanne (am besten eine gusseiserne, in jedem Fall aber eine ohne Plastikteile, da die Pfanne nachher noch ins Rohr kommt) Butterschmalz zergehen, gieße den halben Teig dünn ein und lasse ihn nur so weit anbacken, dass der Teig oben noch flüssig ist. Dann verteile ich darauf etwas Marillenröster und gieße den übrigen Teig darüber. Darauf verteile ich nun Butterflocken und Staubzucker und lasse das Marillenboggerl bei 220 °C Oberhitze im Rohr fertig backen (bis es oben goldbraun ist). Vor dem Servieren besprühe ich es noch mit etwas Marillenschnaps und serviere es in der Pfanne, dazu reiche ich Vanilleeis.

Für den Marillenröster werden die Marillenstücke mit Zucker, Zitronensaft und etwas Wasser in einem hohen Topf verrührt und einmal kurz aufgekocht. Dann fülle ich ihn noch warm in saubere Gläser und bedecke jeweils mit etwas Weingeist. Die gut verschlossenen Gläser halten sich im Kühlschrank ca. 14 Tage.

Gewürztraminer
Gottardi

Marillen

Vielleicht ist es ein bisschen verrückt, aber mir ist es wichtig, meinen Gästen echte Wachauer Marillen zu servieren. Dafür fahre ich einmal im Jahr zur Marillenernte selber in die Wachau und suche mir die schönsten Marillen aus.

Topfenknödel

mit marinierten Beeren und Malagaeis

Topfenknödel
Mengen für 12 kleine Knödel
125 g frisches Weißbrot ohne Rinde (oder entrindetes Toastbrot), in kleinste Würfel geschnitten
45 g Butter
45 g Staubzucker
1/2 Pkg. Vanillezucker
Abrieb von je 1/2 Orange und Zitrone (unbehandelt)
1 Prise Salz
2 Eidotter
1 Ei
400 g Topfen

Kochwasser
etwas Salz
1 Schuss Rum

Brösel zum Wälzen
1/4 kg Semmelbrösel (oder zerriebene altbackene Kipferln)
1 TL Zimtpulver
Staubzucker nach Belieben
5 EL geriebene Mandeln oder Nüsse
etwas Abrieb von je 1 Orange und Zitrone (unbehandelt)
Butter zum Anrösten

Malagaeis
→ *Grundrezept S. 168*, Variante Malagaeis

Marinierte Beeren
je 1 EL
Heidelbeeren | Himbeeren | Brombeeren | Ribisel | Johannisbeeren | Maulbeeren
1 1/2 EL Grand Manier
3 EL Orangensaft
2 EL Staubzucker
1 EL Minze, in dünne Streifen geschnitten

Für die Knödel wird die Butter mit dem Staubzucker schaumig gerührt und mit Vanillezucker, Orangen- und Zitronenschale und Salz gut vermischt. Vor dem Topfen rühre ich die Eidotter und danach das Ei dazu. Mit den untergehobenen Brotwürfeln lasse ich den Teig zugedeckt 1–2 Stunden rasten, bevor ich kleine Knödel daraus forme.

In einem großen Topf bringe ich Salzwasser mit Rum zum Sieden, lege die Knödel vorsichtig hinein, lasse sie kurz aufkochen und schalte dann den Herd aus. Zugedeckt sollen die Knödel nun ca. 10–15 Minuten (je nach Größe) ziehen (keinesfalls kochen).

Währenddessen röste ich in warmer Butter Brösel, Zimt, Staubzucker, Nüsse und Schalenabrieb an, bis die Brösel eine schöne dunkle Farbe erhalten (gut beobachten, da sie schnell verbrennen). Vor dem Servieren werden die Knödel vorsichtig in den Bröseln gewälzt.

Für die marinierten Beeren vermische ich die sauberen Beeren mit den übrigen Zutaten in einer Glasschüssel und lasse sie gut durchziehen.

Tipp!
Sie können dem Kochwasser der Knödel noch zusätzliches Aroma verleihen, indem Sie ein paar dünne Orangen- und Zitronenscheiben mitkochen.

Cuvée Eiswein
Kracher

Sauerrahmsoufflé

mit Waldbeereis und Honigwabe

Sauerrahmsoufflé
200 ml Sauerrahm
3 Eier
60 g Zucker
10 g Stärke (Maizena)
1 EL Amaretto
etwas abgeriebene Schale von
1 unbehandelten Zitrone
etwas Butter
etwas Staubzucker

Waldbeereis
→ *Grundrezept S. 168*,
Variante Waldbeereis

Deko-Vorschlag
Honigwabe
60 g Butter
100 g Staubzucker
50 g Honig
50 g glattes Mehl
50 g Mandelblättchen oder Sesam

Die Eidotter werden mit einem Drittel des Zuckers und allen anderen Zutaten gut vermischt und mindestens 1 Stunde kühl gestellt. Währenddessen schlage ich das Eiweiß mit dem restlichen Zucker steif und gebe es vorsichtig unter die Sauerrahmmasse. In gut eingefetteten Förmchen werden die Soufflés im Wasserbad bei 200 °C im Rohr 10–15 Minuten gebacken, bis sie oben goldgelb sind, und noch warm mit etwas Staubzucker bestreut.

Für die Honigwabe wird die flüssige Butter mit Staubzucker, Honig und Mehl verrührt und Mandelblättchen werden vorsichtig (damit sie nicht brechen) untergehoben. Die Masse sollte mindestens 1 Stunde kühl lagern, bevor kleine Kugeln geformt werden, die im Abstand von 10 cm auf ein mit Backpapier ausgelegtes Backblech gelegt werden (sie fließen während des Backens auseinander). Im vorgeheizten Rohr werden sie unter ständiger Beobachtung (verbrennen sehr schnell) ca. 5–6 Minuten gebacken. Nach Möglichkeit nehme ich sie noch warm vom Backpapier. Sobald sie fest sind, kann man sie, luftdicht verschlossen, an einem trockenen Ort über einen längeren Zeitraum aufbewahren.

Zierfandler-Rotgipfler Spätlese
Zierer

Apfel-Nuss-Savarin

mit Lebkuchenmousse und Vanilleeis

Apfel-Nuss-Savarin
25 g Haselnüsse, gehackt und geröstet
100 g Butter
150 g glattes Mehl
25 g Mohn
3 EL Backpulver
100 g Apfel, geraspelt
3 Eidotter
3 Eiweiß
1 Prise Salz
150 g Zucker
1 Prise Vanillezucker
etwas Butter
etwas Mehl

Lebkuchenmousse
2 Eier
4 Eidotter
50 g Zucker
3 Blatt Gelatine
60 ml Milch
60 g Zartbitterschokolade
100 g Lebkuchen, klein gewürfelt
40 ml Kirschwasser
10 g Lebkuchengewürz
1/2 l Schlagobers, geschlagen

Vanilleeis
→ *Grundrezept S. 168*, Variante Vanilleeis

Deko-Vorschlag
Beeren
Mandelhippen
(Mengen für ca. 25 Stück)
130 g Staubzucker
30 g Mehl
45 ml Apfelsaft
50 g Butter
50 g Mandelblättchen

Für das Savarin rühre ich die weiche Butter schaumig und arbeite 1/3 des Zucker, Eidotter und Vanillezucker ein. Das Eiweiß wird mit dem restlichen Zucker und etwas Salz steifgeschlagen. Mehl, Haselnüsse, Mohn und Backpulver werden locker vermischt. Nun vermenge ich vorsichtig und abwechselnd das Mehlgemisch, den Apfel und den Eischnee mit der Buttermasse und fülle damit die eingefetteten und bemehlten Savarinformen. Bei 180 °C lasse ich sie ca. 20 Minuten im vorgeheizten Ofen backen und stürze sie noch warm.

Für die Lebkuchenmousse werden Eier und Zucker über heißem Wasserdampf schaumig geschlagen und kalt weitergeschlagen. Die Gelatine wird im Kirschwasser aufgelöst und die Schokolade im heißen Wasserbad geschmolzen. Beides rühre ich zur Eimasse. Mit eingerührtem Lebkuchen, Lebkuchengewürz und Obers wird die Masse nun mindestens 2 Stunden kalt gestellt, bevor ich kleine Nocken daraus aussteche und mit dem Savarin serviere.

Für die Mandelhippen wird die lauwarme Butter in die Mischung aus Zucker, Mehl und Apfelsaft eingerührt. Damit sie nicht brechen, werden die Mandeln vorsichtig untergehoben. Mit einem Löffel werden kleine Häufchen im Abstand von ca. 10 cm auf ein mit Backpapier ausgelegtes Backblech aufgebracht und mit einer Gabel leicht zerdrückt. Im vorgeheizten Backrohr bei 180 °C (mittlere Schiene) lasse ich sie nun goldgelb backen und löse sie, noch warm, vorsichtig vom Backpapier.

Cuvée Beerenauslese
Kracher

Wachauer Marillen-Nuss-Kuchen

mit Topfenmousse und Vanilleeis

Marillen-Nuss-Kuchen
100 g weiße Schokoladenkuvertüre
150 g Butter
2 Eier
165 g Zucker
40 g glattes Mehl, gesiebt
40 g Haselnüsse, gerieben
100 g Mandeln, gerieben
3/4 kg Marillen, halbiert
4 EL Kirschgeist

Topfenmousse
125 g Topfen
70 g Zucker
Schale und Saft von je 1/2 unbehandelten Limette und Orange
Mark aus 1 Vanilleschote
10 ml Amaretto
10 ml Kirschwasser
20 ml Rum
250 ml Schlagobers
4 Eiweiß
1 Prise Salz

Vanilleeis
→ *Grundrezept S. 168*, Variante Vanilleeis

Deko-Vorschlag
Karamellisierte Nüsse
12 Haselnüsse, ganz
etwas Zucker
etwas Butter

Für den Kuchen wird die Kuvertüre bei sanfter Hitze in der Butter geschmolzen, Eier mit Zucker verquirlt und zur Schokolade gegeben. Mehl, Nüsse und Mandeln ziehe ich vorsichtig unter. Die Masse wird nun in ein hohes Backblech (oder einen Rahmen) gefüllt und mit den Marillenhälften belegt, über die ich den Kirschgeist verteile. Je nach Dicke des Kuchens wird er nun im vorgeheizten Rohr bei 180 °C 15–20 Minuten gebacken und nach dem Auskühlen in schöne Formen geschnitten.

Für die Mousse wird der Topfen mit einem Drittel des Zuckers, den Schalen und Saft von Orange und Zitrone und dem Vanillemark gut vermischt, bevor Amaretto, Kirschwasser und Rum eingerührt werden. Dann rühre ich das halbfest geschlagene Obers vorsichtig unter. Das Eiweiß wird mit dem restlichen Zucker und Salz ebenfalls halbfest geschlagen und untergehoben. Nun fülle ich die Masse in ein sauberes Küchentuch über einer Schüssel und lasse sie 3 Stunden kühl gestellt abtropfen.

Aus der kalten Mousse werden dann mit einem Esslöffel Nocken ausgestochen und angerichtet.

Für die Garnitur lässt man die ganzen Haselnüsse in etwas Butter mit dem Zucker karamellisieren und lässt sie auf einem Backpapier auskühlen.

Gewürztraminer
Gottardi

Gebrannte Creme mit Heidelbeerkompott

und Granité von Zitrone und Rosmarin

Gebrannte Creme
70 g Zucker
6 Eidotter
1 Ei
2 Vanilleschoten
125 ml Milch
375 g Mascarpone
5 EL brauner Rohrzucker

Heidelbeerkompott
250 g Heidelbeeren (am besten mit frischen, geht aber auch mit tiefgekühlten)
130 g Zucker
3 g Zitruspektin (gibt es im Reformhaus oder Drogeriemarkt)
Saft von 2 frischen Zitronen

Granité
100 ml Läuterzucker
Saft von 5 Zitronen
3 Zweige Rosmarin

Tipp!

Wenn Sie keinen Bunsenbrenner besitzen, können Sie das Karamellisieren auch im vorgeheizten Backrohr – Einstellung Grillen (oberste Schiene) – vornehmen. Achten Sie darauf, dass der Zucker goldbraun wird und nicht verbrennt. Vor dem Servieren sollten die Schälchen abkühlen.

Für die Creme werden Zucker, Eidotter, das Ei und das Vanillemark vermischt. Die Milch erhitze ich mit den Vanilleschalen und lasse sie 3 Minuten ziehen. Beide Mengen werden nun miteinander vermischt und der Mascarpone untergerührt, bis eine glatte Masse entsteht.

Heidelbeeren werden mit Zucker und Zitronensaft zum Kochen gebracht und mit dem zugefügten Pektin noch einmal aufgekocht. Nach dem Abkühlen lasse ich die Masse ca. 20 Minuten gelieren.

In vier feuerfeste Schälchen werden jeweils ca. 2 EL des Kompottes gefüllt und die Creme vorsichtig darübergegossen. Die Masse soll nun 30–35 Minuten im vorgeheizten Ofen bei 100 °C auf mittlerer Schiene stocken, wobei die Creme nicht kochen darf (und sie kann in der Mitte noch leicht flüssig sein).

Nachdem die Schälchen für ca. 1 Stunde kalt gestellt wurden, wird brauner Rohrzucker auf der Creme verteilt und mit dem Bunsenbrenner karamellisiert.

Für das Granité wird zunächst Läuterzucker hergestellt, dazu lassen Sie 50 ml Wasser und 50 ml Zucker einmal aufkochen und kalt werden. Der Saft der Zitronen wird mit den Rosmarinzweigen aufgekocht, 5 Minuten ziehen gelassen und durch ein feines Sieb abgeseiht. Nach dem Vermischen mit dem Läuterzucker gebe ich fein gehackten Rosmarin dazu. In einem flachen Gefäß wird die Masse tiefgefroren und zum Anrichten mit einer Gabel aufgekratzt. Die so entstehenden Granité-Stückchen werden auf einem Teller rund um die Auflaufförmchen angerichtet.

Cesario Frizzante
Kirnbauer

Herzkirschen, Mascarpone und dunkle Kuvertüre

Mascarponecreme
200 ml Schlagobers
50 g Zucker
200 g Mascarpone
2 1/2 Blatt Gelatine

Herzkirschen
300 g Kirschpüree
4 1/2 Blatt Gelatine

Schokoladencreme
230 ml Kirschsaft
2 EL Kirschgeist
25 g brauner Rohrzucker
180 g dunkle Schokolade
(80 % Kakaoanteil)
250 ml Schlagobers
3 Blatt Gelatine

Zum Anrichten
fein zerbröseltes Schokobiskuit, Schokokekse oder Kuchenreste

Deko-Vorschlag
Herzkirschen

Tipp!

Kirschpüree erhalten Sie entweder im Feinkostgeschäft oder Sie bereiten es selber aus tiefgekühlten Kirschen zu, die sie auftauen lassen, im Mixer zerkleinern und durch ein Sieb passieren (sodass die Schalen wegfallen).

Für die Mascarponecreme wird das Obers vorsichtig erhitzt und die Gelatine darin geschmolzen. Mascarpone mit Zucker wird ebenfalls erwärmt, bis sich der Zucker auflöst, und dann sanft mit dem Gelatine-Obers vermischt. Die Masse stelle ich zwischenzeitlich kühl.

Für die Schokoladencreme werden Kirschsaft und Kirschgeist gemeinsam erhitzt und die Gelatine darin aufgelöst. Mit dem gut eingerührten Zucker gieße ich die warme Flüssigkeit über die erweichte Schokolade und verrühre alles zu einer glatten Creme. Zuletzt wird das flüssige Obers untergerührt und die Creme kalt gestellt.

Das Kirschpüree erhitze ich, um auch hier die Gelatine darin aufzulösen. Die Masse streiche ich auf einer glatten Fläche (mit etwas Rand) aus und lasse sie auskühlen. Das gelierte Püree wird dann in derselben Größe ausgestochen, wie die Schalen oder Teller, in denen später angerichtet wird.

In die Schalen (oder Teller) verteile ich nun die Mascarponecreme und lasse sie stocken. Darauf gieße ich die Schokoladencreme. Wenn diese erstarrt ist, werden die Kirschgeleescheiben daraufgelegt.

Rosenmuskateller Trockenbeerenauslese
Kracher

Erdbeer-Tiramisu

Tiramisu
1 Pkg. Biskotten
250 g Mascarpone
80 g Zucker
2 ganze Eier
30 ml leicht aufgeschlagenes Obers
1/4 l starker Kaffee
Zucker zum Süßen
etwas Amarettolikör

Erdbeeren
500 g Erdbeeren
etwas Zitronensaft
etwas Staubzucker

Deko-Vorschlag
Minzblätter

Tipp!

Sie können das Tiramisu auch in einer großen Form anrichten und dann mit dem Löffel herausstechen. In dem Fall empfiehlt es sich, das Erdbeerpüree erst auf den Tellern über das Tiramisu zu geben.

Von den Erdbeeren wird ca. 1/3 in dünne Scheiben geschnitten, der Rest wird je nach Geschmack mit Zucker und Zitronensaft püriert und kalt gestellt.

Für das Tiramisu rühre ich den Zucker mit den Eiern schaumig, gebe den Mascarpone dazu und rühre kräftig weiter. Das leicht aufgeschlagene Obers wird dazugerührt und alles zusammen so lange weitergerührt, bis eine schöne dicke Creme entsteht.

Der heiße Kaffee wird mit Zucker gesüßt, mit etwas Amarettolikör abgeschmeckt und ausgekühlt weiterverwendet, indem nun die Biskotten kurz darin eingeweicht werden. Je nach Serviergefäß müssen sie gebrochen werden und bilden die unterste Schicht des Desserts. Darauf wird Mascarponecreme gegossen und darauf die Erdbeerscheiben gelegt. Dann werden wieder Biskotten geschichtet, darüber noch einmal Mascarponecreme gegeben und mit dem Erdbeerpüree abgeschlossen.

Weißer Riesling
Auslese Leitner

Blutorangengranité

mit Maracuja

Blutorangengranité
10 Blutorangen
40 ml Läuterzucker *(→ Tipp)*
10 ml Blutorangensirup

Marinierte Maracuja
2 Maracujas
20 ml Maracujasaft
20 ml Wodka

Tipp!

Läuterzucker stellen Sie her, indem Sie 20 ml Wasser mit 20 ml Zucker aufkochen und auskühlen lassen. Das Granité eignet sich auch sehr gut als erfrischender Zwischengang bei einem mehrgängigen Menü.

Neun Blutorangen werden entsaftet, mit den restlichen Zutaten gemeinsam kurz erhitzt und in einer flachen Form tiefgekühlt.

Von den Maracujas löse ich Kerne und Fruchtfleisch aus der Schale und mariniere sie mit Maracujasaft und Wodka.

Die restliche Blutorange schäle ich und schneide schöne Filets, die ich in Cocktailgläsern anrichte. Das tiefgekühlte Granité wird mit der Gabel aufgekratzt und auf den Orangefilets verteilt. Die marinierten Maracujastückchen werden hübsch auf dem Granité angerichtet.

Dreierlei Kaltschalen

Limette-Kardamom, Mango-Passionsfrucht und Erdbeer-Honig

Limette-Kardamom-Kaltschale
10 Limetten
4 Kardamomkapseln, zerdrückt
1 Zweig Eisenkraut, gerebelt
50 g Läuterzucker
50 ml Champagner

Mango-Passionsfrucht-Kaltschale
100 g Mangopüree
180 ml Passionsfruchtsaft
20 g Läuterzucker
6 Stängel Assam Langpfeffer
10 ml Batida de Coco

Erdbeer-Honig-Kaltschale
200 g Erdbeerpüree
80 g Honig
20 ml Zitronensaft
50 ml Champagner oder Prosecco

Deko-Vorschlag
Minzblätter, in dünne Streifen geschnitten
frische Früchte

Für die Limette-Kardamom-Kaltschale koche ich den Limettensaft mit Kardamom und Eisenkraut kurz auf, lasse ihn, vom Herd genommen, ½ Stunde ziehen und passiere ihn durch ein feines Sieb. Mit dem Läuterzucker und Champagner vermischt stelle ich das Dessert zwischenzeitlich kalt.

Für die Mango-Passionsfrucht-Kaltschale werden alle Zutaten miteinander kurz geköchelt, gemixt, durch ein feines Sieb gut ausgedrückt und ebenfalls kalt gestellt.

Für die Erdbeer-Honig-Kaltschale koche ich das Erdbeerpüree mit dem Honig auf und lasse es erkalten. Dann rühre ich den Champagner bzw. Prosecco gut unter.

Tipp!
Für die Gesamtmenge des in diesem Dessert benötigten Läuterzuckers kochen Sie 35 g Zucker mit 35 ml Wasser auf und lassen ihn abkühlen.

Cesario Frizzante
Kirnbauer

Erdbeerkaltschale

Kaltschale
500 g Erdbeeren, entstielt
Saft von 1–2 Zitronen, je nach Geschmack
Staubzucker, je nach Geschmack
1/2 Flasche Prosecco
1 Schuss Erdbeerlikör (oder Ähnliches)

Zum Anrichten
Vanilleeis
→ *Grundrezept S. 168*, Variante Vanilleeis

Deko-Vorschlag
frische Beeren der Saison

Die Erdbeeren püriere ich gemeinsam mit Zitronensaft und Zucker. In einer Rührschüssel vermische ich die Früchte mit Prosecco und evtl. etwas Likör. Die Masse in eine Schüssel füllen und diese für 1–2 Stunden tiefkühlen. Währenddessen alle 10 Minuten die Masse mit dem Schneebesen fest durchmischen.

Tipp!

Wenn Sie die Masse in der Eismaschine weiterverarbeiten, erhalten Sie ein Erdbeersorbet. Sie können das Dessert auch antialkoholisch zubereiten, indem Sie statt Prosecco aromatisiertes Mineralwasser verwenden.

Cesario Frizzante
Kirnbauer

Mousse vom steirischen Topasapfel

und Kürbiskerneis

Mousse
250 g Äpfel, ungeschält, entkernt, in Stücke geschnitten
40 g Zucker
200 ml geschlagenes Obers
3 Blatt Gelatine
Saft von 1/2 Zitrone
2 EL Apfelsaft

Für den Boden
Sabléteig *(→ Grundrezept S. 167)*
25 g gemahlene Pistazien
Abrieb von 1 Zitrone

Kürbiskerneis
→ Grundrezept S. 168,
Variante Kürbiskerneis

Zum Anrichten
Fruchtdeckel
1 1/2 Blatt Gelatine
100 g Schalen von roten Äpfeln
2 EL Wasser oder Apfelsaft
40 g Zucker

Tipp!

Die roten Topasäpfel machen eine besonders schöne Farbe, Sie können aber auch andere Äpfel verwenden. Je saurer die Äpfel sind, umso vorsichtiger müssen Sie das Obers einrühren, da die Mousse sonst sehr leicht gerinnt.

Für den Boden werden dem Sabléteig vor dem Backen Pistazien und Zitronenabrieb hinzugefügt.

Für die Mousse werden Apfelstücke mit Zucker und Zitronensaft zu einem feinen Püree gemixt. Die in kaltem Wasser eingeweichte Gelatine drücke ich aus, lasse sie im erwärmten Apfelsaft unter ständigem Rühren schmelzen und rühre sie unter das Apfelmus. Das geschlagene Obers wird löffelweise und langsam unter die Masse gehoben. Aufgeteilt auf Förmchen, in die zuerst die Sablétaler gegeben werden (Ringformen oder Glasschälchen mit ca. 10–12 cm Ø), muss die Mousse mindestens 4 Stunden kalt gestellt werden.

Währenddessen koche ich Apfelschalen in 2 EL Flüssigkeit, bis sie weich sind, und passiere sie. Sollte die Masse weniger als 100 g wiegen, strecke ich sie mit etwas Apfelsaft. Nun wird sie leicht erwärmt und die Gelatine (in kaltem Wasser eingeweicht und ausgedrückt) darin unter ständigem Rühren geschmolzen. Das Apfelgelee wird auf die kalte Mousse (in den Förmchen) gegossen und alles gemeinsam kalt gestellt. Wenn das Gelee erstarrt ist, werden die Förmchen vorsichtig gestürzt und mit dem Gelee nach oben angerichtet.

Cuvée Beerenauslese
Kracher

Genuss in Österreich

Viele meiner Lieblingsreisen führen mich in die Wachau und die Steiermark, was nicht überraschend ist, bei den guten Weinen. Die Sonnenaufgänge über den Weinbergen von Leutschach werden mir dabei in unvergesslicher Erinnerung bleiben.

Quartett von der Schokolade

Schokoladenbrownie
100 g dunkle Schokoladenkuvertüre (mindestens 72 % Kakaoanteil)
150 g Butter
3 Eier
165 g Zucker
40 g glattes Mehl, gesiebt
140 g Pekanüsse, gerieben

Weißes Schokoladeneis
→ *Grundrezept S. 168,*
Variante weißes Schokoladeneis

Schokoladentarte
Für die Creme:
210 g dunkle Schokoladenkuvertüre (mindestens 72 % Kakaoanteil)
80 ml Milch | 100 ml Schlagobers
60 g Glucosesirup (vom Konditor)
50 g Butter
Für den Mürbteig:
130 g Butter
80 g Staubzucker
2 Eidotter
210 g Mehl
25 g geröstete Haselnüsse
15 g Kakaopulver
1 TL Salz
Mark aus 1 Vanilleschote
Linsen oder Bohnen, roh

Gebackene Schokoladentrüffel
Für die Grundmasse:
210 g dunkle Schokoladenkuvertüre (mindestens 72 % Kakaoanteil)
80 ml Passionsfruchtsaft
100 ml Schlagobers
60 g Glucosesirup (vom Konditor)
50 g Butter

Zum Backen
2 Eier
100 g Haselnüsse, geröstet
50 g Mandeln, geröstet
50 g Zucker
100 g Weißbrotbrösel ohne Rinde
1 EL Vanillezucker
Butterschmalz

Für das Brownie wird die Kuvertüre bei sanfter Hitze in der Butter geschmolzen, Eier mit Zucker verquirlt und zur Schokolade gegeben. Mehl und Nüsse ziehe ich vorsichtig unter. Die Masse wird nun in ein hohes Backblech (oder einen Rahmen) gefüllt. Je nach Dicke des Kuchens wird er nun im vorgeheizten Rohr bei 180 °C 15–20 Minuten gebacken und nach dem Auskühlen in schöne Formen geschnitten.

Für die Tarte wird zunächst der Mürbteig zubereitet. Butter, Zucker und Kakaopulver werden schaumig gerührt und Salz sowie Vanillemark dazugegeben. Die gerösteten und ausgekühlten Haselnüsse mixe ich fein und gebe sie zur Masse. Zuletzt wird das Mehl eingearbeitet, der ganze Teig zu einer Kugel geformt und mit einer Folie umwickelt für mindestens 40 Minuten kalt gestellt.

Währenddessen bereite ich die Fülle zu, indem ich Milch mit Obers aufkoche, den Glucosesirup und die Kuvertüre darin auflöse, danach alles abkühlen lasse und bei ca. 60 °C die Butter einarbeite.

In eine bebutterte und bemehlte Tarteform wird nun der ½ cm dick ausgerollte Mürbteig gelegt (Ränder leicht hochgezogen), mit Backpapier belegt und mit Linsen oder Bohnen bestreut (damit der Teig flach bleibt). Bei 180 °C wird der Teig für ca. 10–12 Minuten blind gebacken und dann aus dem Rohr genommen. Die Linsen entfernen, Tarte stürzen und etwas auskühlen lassen. Nach dem Füllen mit der Schokoladencreme stelle ich die Tarte vor dem Servieren für 1 Stunde kalt.

Für die gebackene Schokoladentrüffel wird die Grundmasse hergestellt wie die Fülle der Schokoladentarte, indem der Saft der Passionsfruchtsaft mit dem Obers aufgekocht wird. Nachdem die Masse gut ausgekühlt ist, werden kleine Nocken ausgestochen, die ich ½–1 Stunde tiefkühle. Dann paniere ich die Trüffel in den Eiern, den mit Zucker und Vanillezucker gemischten Nüssen sowie den Bröseln. Der Vorgang wird noch einmal wiederholt, bevor die Nocken in heißem Butterschmalz knusprig herausgebraten werden.

Zweigelt Eiswein
Josef Schmid

Dunkle Schokomousse

mit rotem Beerenkern und gelierten Waldbeeren

Schokoladensablé
Sabléteig *(→ Grundrezept S. 167)*
25 g Kakaopulver

Gelierte Beeren
100 g rote Beeren (tiefgekühlt)
3 Blatt Gelatine
3 EL Himbeergeist

Mousse
150 g dunkle Schokolade
(über 54 % Kakaoanteil)
1 Ei
1/4 l geschlagenes Obers
1 Blatt Gelatine
1 EL Himbeergeist

Tipp!

Sollte Ihnen die zweite Hälfte des Beerengelees während der Zubereitung der Mousse zu fest geworden sein, bringen Sie es bei leichter Hitze wieder zum Schmelzen.

Dem Sabléteig wird vor dem Backen das Kakaopulver zugefügt.

Für die Mousse wird Gelatine in kaltem Wasser eingeweicht. Währenddessen wird das Ei gut aufgeschlagen. Die ausgedrückte Gelatine löse ich in etwas erhitztem Himbeergeist auf und gebe sie sofort zum Ei. Die im heißen Wasserbad geschmolzene Schokolade wird dazugerührt. Zuletzt wird das geschlagene Obers vorsichtig untergehoben.

Die Beeren vermixe ich zu einem Brei. Die in heißem Himbeergeist aufgelöste Gelatine rühre ich langsam in die Beerenmasse und fülle die Hälfte des Gelees in eine hohe Zylinderform (mit ca. 3 cm Ø), die tiefgekühlt wird. Später wird das gefrorene Gelee in ca. 1 cm dicke Scheiben geschnitten. Die restliche Beerenmasse wird inzwischen beiseite gestellt.

Die Mousseförmchen werden nun glatt mit Butterpapier ausgelegt. Zu unterst werden sie mit einer Scheibe Sablé belegt, dann mit der Hälfte der Mousse gefüllt, auf das der gefrorene Beerenkern gelegt wird. Darüber wird vorsichtig die restliche Mousse gegossen. Erst wenn die Mousse im Kühlschrank festgeworden ist, wird das restliche Beerengelee darübergegossen und das ganze Dessert noch einmal kühl gestellt.

Zweigelt Eiswein
Josef Schmid

Grundrezepte

Fond

In einem hohen Topf dünste ich in heißem Öl den jeweiligen Basisbestandteil (Huhn, Fisch, Wild etc.) kurz an, gebe Wurzelgemüse und Knoblauch dazu und lasse es kurz mitschwitzen. Für dunkle Fonds wird der jeweilige Basisbestandteil angeröstet, bis er Farbe bekommt, das Gemüse dazugegeben und das Tomatenmark mitgerührt. Nach dem Ablöschen mit Alkohol lasse ich den Fond kurz aufkochen, bevor ich ihn mit 1–1 ½ l kaltem Wasser (kann auch kalter Gemüsefond sein) aufgieße und ihn langsam erhitze. Erst jetzt gebe ich Kräuter, Gewürze und Pfeffer dazu und lasse alles ca. 2 Stunden ohne Deckel leise köcheln. Den sich bildenden Schaum schöpfe ich immer wieder ab. Am Schluss wird der Fond durch ein sauberes Küchentuch in einem Spitzsieb abgeseiht, sanft mit Salz gewürzt und kalt gestellt. Die dann entstehende Fettschicht hebe ich von der Oberfläche ab.

Wenn man den abgeseihten Fond weiter einreduzieren lässt, entsteht in der Folge GLACE bzw. DEMI-GLACE, wobei so lange eingekocht wird, bis eine dickflüssige Konsistenz erreicht ist, die nach dem Auskühlen geliert.

Tipp!

Fonds zur Hand zu haben ist sehr lohnend, da sie Hauptgerichten, Suppen und Saucen erst den wohligen, genussvollen Geschmack geben. In der schnellen Küche werden Fonds häufig durch Suppenwürfel und Geschmacksverstärker ersetzt, die zwar ebenfalls würzen, mit einem liebevoll und lange gekochten Fond jedoch nicht konkurrieren können. Auf den ersten Blick mag die Zubereitung etwas aufwendig klingen. Andererseits lassen sich Abschnitte von Fleisch, Fisch oder Gemüse auf diese Weise sehr sinnvoll nutzen. Gleichzeitig halten sich Fonds tiefgekühlt sehr lange. Daher empfehle ich Ihnen, wann immer Sie Abschnitte zur Hand haben, gleich einen Fond zuzubereiten und portionsweise einzufrieren. So können Sie jederzeit darauf zurückgreifen. Ein Gemüse- oder Geflügelfond ist so neutral, dass Sie ihn nahezu überall verwenden können.

Allgemeine Zutaten für 1 Liter

4–5 Schalotten (ca. 80 g), geschält und grob geschnitten
1 Stange Lauch (nur der weiße Teil), grob geschnitten
1 mittelgroße Karotte, grob geschnitten
100 g Petersilienstängel, grob geschnitten
2 Stängel Stangensellerie (ca. 50 g), ohne Blätter, grob geschnitten
2 Champignons, klein geschnitten, oder Pilzreste
2 Knoblauchzehen, zerdrückt
1 Lorbeerblatt, ganz
2 Thymianzweige, ganz
4–5 Pfefferkörner, zerdrückt
etwas Salz
etwas Öl zum Anbraten

Zusätzliche Detailzutaten für 1 Liter

Heller Geflügelfond
1 kg Geflügelabschnitte oder zerteiltes Suppenhuhn
1/8 l trockener Weißwein
1/8 l Noilly Prat
2 Salbeiblätter, ganz

Dunkler Geflügelfond
1 kg Geflügelabschnitte oder zerteiltes Suppenhuhn
1/4 l Weißwein
1 EL Tomatenmark
2 Salbeiblätter, ganz

Kalbsfond
1 kg Kalbsknochen und Kalbsabschnitte
1/4 l trockener Weißwein
2 Rosmarinzweige, ganz
2 Salbeiblätter, ganz

Lammfond
1 kg Lamm- und Rindfleischabschnitte
1/4 l Rotwein
1 TL Kräuter der Provence
1 TL Koriander
3 Wacholderbeeren

Wildfond
1 kg Wildknochen
1/4 l Weißwein
4 Wacholderbeeren
2 Rosmarinzweige, ganz

Dunkler Rehfond
1 kg Knochen vom Rehrücken
1/4 l Rotwein
1 EL Tomatenmark
etwas Piment
3 Wacholderbeeren

Fischfond
1 kg Fischreste (außer Kiemen, denn sie machen den Fond bitter)
1/8 l trockener Weißwein
1/8 l Noilly Prat

Gemüsefond
1 kg Gemüseabschnitte (außer Gemüse mit starkem Geschmack, wie Kohl, Bohnen etc.), grob geschnitten
1/8 l trockener Weißwein
Kräuter nach Geschmack

Rindsuppe

Die Knochen werden blanchiert, abgeseiht und gemeinsam mit dem Fleisch in kaltem Wasser zugestellt und gesalzen. Wenn das Wasser kocht, werden Gemüse, Gewürze und Kräuter dazugegeben. Die Suppe lasse ich nun ohne Deckel 1–1 ½ Stunden simmern. Dann entnehme ich das Fleisch und seihe die Suppe durch ein sauberes Küchentuch in einem Spitzsieb, erwärme sie noch einmal und schmecke sie mit Salz und Pfeffer ab.

Tipp!

Wenn Sie das Fleisch der Suppe danach auch servieren möchten, verwenden Sie Tafelspitz oder Schulterscherzl. In dem Fall wird das Fleisch erst in das kochende Wasser gegeben und erst am Schluss gesalzen.

Zutaten für 1 Liter

4 Markknochen
1 kg Rindfleisch (Brust oder Beinfleisch bzw. Tafelspitz oder Schulterscherzl)
1 Zwiebel mit Schale, halbiert und angebraten
2 Petersilienstängel, grobgeschnitten
1 Thymianzweig, ganz
1 Rosmarinzweig, ganz
1 Lorbeerblatt, ganz
1 mittelgroße Karotte, grob geschnitten
1 Stange Lauch (weißer Teil), grob geschnitten
1 Stangensellerie (ohne Blätter), grob geschnitten
schwarzer Pfeffer, ganz
Salz
1 TL Korianderkörner
4 Wacholderbeeren
1 Zweig Liebstöckl, ganz

Wildsauce

Die zerkleinerten Parüren und Knochen röste ich in Öl im Rohr bei ca. 180 °C für 15 Minuten. Das Fett kann nun abgegossen und das Fleisch in einen hohen Kochtopf umgefüllt werden. Nun lasse ich Tomatenmark mitrösten, gebe Holunder- und Preiselbeergelee dazu, bis sich alles ein bisschen anlegt, und lösche mit Rotwein, Portwein und Cognac ab. Wenn sich der Bodensatz gelöst hat, gieße ich mit dem Wildfond auf und lasse die Sauce ca. 1 Stunde köcheln. Nach dem Abgießen durch ein Tuch stelle ich die Sauce noch einmal zu, lasse sie auf ca. ⅓ einreduzieren und schmecke sie noch einmal ab. Eventuell montiert man sie am Schluss noch mit kalten Butterwürfeln.

1.5 kg Parüren vom Wild (Knochen, Häute, Sehnen oder Brustfleich)
1 l Wildfond (→ *Grundrezept Fond*)
1/4 l kräftiger Rotwein
1/16 l Portwein
1 EL Cognac
1 EL Hollundergelee
1 EL Preiselbeergelee
1 EL Tomatenmark
etwas kalte Butter
Olivenöl oder Butterschmalz

Gnocchi

Die Kartoffeln werden in der Schale gekocht, geschält und kalt durch die Presse gedrückt. Mit den Eiern, Eidotter, Gewürzen, Sauerrahm und zerlassener Butter verrühre ich die Masse gut.

Gemeinsam mit dem Mehl wird ein glatter Teig geknetet. Daraus forme ich auf einem Brett eine Rolle von ca. 2 cm Dicke, von der ich 2 cm breite Scheiben abschneide. Damit sie nicht in den Händen kleben, werden die Stückchen noch einmal leicht mehliert und zu Kugeln geformt. Mit einer Gabel werden diese in Gnocchiform gebracht und im kochenden Salzwasser gekocht, bis sie oben schwimmen. Nach dem Abgießen werden sie kalt abgeschreckt und in heißer Butter geschwenkt.

1/2 kg festkochende Kartoffeln
150 g doppelgriffiges Mehl
Mehl zum Einarbeiten
1 Eidotter
2 Eier
150 g Butter
Salz, Pfeffer
Muskatnuss
1 EL Sauerrahm

Selleriepüree

Sellerie- und Kartoffelwürfel werden farblos in Butter angeschwitzt und mit Obers abgelöscht. Zugedeckt lasse ich nun alles weichkochen (*Achtung: brennt leicht an*) und mixe die Menge mit 2 Würfeln kalter Butter im Küchenmixer zu einem feinen Püree, das ich mit Salz, Pfeffer, Muskat und etwas Zitrone abschmecke.

1 Knolle Sellerie (ca. 350 g), geschält und grob gewürfelt
1 große mehlige Kartoffel, roh, geschält und grob gewürfelt
50 g Butter
150 ml Schlagobers
Saft von 1/2 Zitrone
Salz
weißer Pfeffer aus der Mühle
1 Prise Muskat
etwas Butter zum Anschwitzen

Konfierter Paprika

Die Paprika werden geschält, geviertelt, entkernt und von der weißen Haut befreit. Dann lege ich sie flach in eine Auflaufform, bestreue sie mit Rosmarin und beträufle sie mit Olivenöl. Ich bestreue sie mit grobem Meersalz, bedecke sie mit einer Alufolie und lasse sie bei 80 °C ca. 4 Stunden im Rohr garen.

rote Paprika
grobes Meersalz
Rosmarin, fein gehackt
Olivenöl

Tipp!

Konfierter Paprika lässt sich gut in größeren Mengen vorbereiten, da er, in Gläsern abgefüllt, im Kühlschrank einige Zeit aufbewahrt werden kann. Konfierter Paprika passt gut zu kalten Gerichten oder Käse oder lässt sich zu Paprikapüree verarbeiten.

Geschmolzene Tomaten

Von den frischen Tomaten entferne ich den Strunk, ritze die Schale oben und unten kreuzweise ein und lege sie kurz in siedendes Wasser. Kalt abgeschreckt lassen sie sich nun leicht schälen. Die Tomaten werden geviertelt, entkernt und in einer Auflaufform mit Knoblauch, Rosmarin und Meersalz überstreut. Nachdem ich sie mit Olivenöl begossen habe, lasse ich sie bei 150 °C 45 Minuten im Rohr schmelzen.

Tipp!

Die Tomaten lassen sich gut vorbereiten und, in Gläsern abgefüllt, im Kühlschrank aufbewahren. Sie eignen sich für jede Form von Speisen, in denen Sie einen Tomatengeschmack mit Pfiff haben möchten.

frische Tomaten
Knoblauch, geschält und blättrig geschnitten
Rosmarin, fein gehackt
grobes Meersalz
Olivenöl

Pikante Tomatenmarmelade

Die Schalottenstücke dünste ich in Olivenöl glasig an, gebe die Tomatenwürfel dazu und gieße mit dem Rotwein auf. Gemeinsam mit Honig, Essig, Chili, Ingwer und den vorher eingeweichten Gelatineblättern lasse ich die Masse unter ständigem Rühren ca. 15 Minuten köcheln und füge am Schluss das Basilikum dazu. Noch heiß fülle ich die Marmelade in saubere Gläser und schließe sie luftdicht ab.

Tipp!

Die Tomatenmarmelade lässt sich gut vorbereiten und, in Gläsern abgefüllt, im Kühlschrank aufbewahren. Sie eignet sich auch gut als eleganter Ersatz für Tomatenketchup und als pikanter Aufstrich. Füllen Sie die Marmelade in kleinere Gläser, denn verschlossen hält sie sich länger.

1 kg Rispentomaten, enthäutet, klein geschnitten
1 Schalotte, sehr fein geschnitten
12 Blatt Gelatine
1 EL Honig oder Ahornsirup
1 EL sehr guter Balsamico Essig
1 Chilischote, sehr fein geschnitten
1 Bund Basilikum, sehr fein geschnitten
1 Stück Ingwer (ca. 2 cm), gerieben (nach Geschmack)
4 cl schwerer Rotwein (z.B. Amarone)
Salz
etwas Olivenöl

Orangen-Tomaten-Chutney

Die Tomaten und Orangenfilets lasse ich gemeinsam mit dem Zucker karamellisieren, füge Zwiebeln, Knoblauch, Kräuter, Vanille, Chili und Rosinen hinzu und rühre in die heiße Masse den Gelierzucker. Nachdem alles einmal kurz aufgewallt ist, kommt der Essig hinzu. Das Chutney soll nun ca. ½ Stunde kochen. Das Chutney wird abgekühlt in Einweckgläser gefüllt und kann gut aufbewahrt werden.

1/2 kg Tomaten, geschält und entkernt
1/2 kg Blutorangen, in Filets
30 g brauner Kandiszucker
270 g weiße Zwiebeln, fein geschnitten
1 Knoblauchzehe, fein geschnitten
3 Thymianzweige, gezupft
3 Majoranzweige, gezupft
Salz
1/2 ausgekratzte Vanilleschote
1 kleine rote Chilischote, fein zerkleinert
80 g ungeschwefelte Rosinen
400 g Gelierzucker
300 ml Weißweinessig
100 ml Apfelessig

Marillenchutney

In einem hohen Topf werden alle Zutaten gemeinsam bei milder Hitze leicht zum Kochen gebracht, bis sich der gesamte Zucker aufgelöst hat. Das Chutney kann dann bei größerer Hitze gekocht werden, bis die Marillen weich sind, aber nicht zerfallen. Das Obst wird nun herausgenommen und in saubere Gläser verteilt, die im Backrohr warm gehalten werden. Die Flüssigkeit lasse ich weiterkochen, bis sie sich stark verdickt hat, und verteile sie ebenfalls in den Gläsern. Verschließen und kühl stellen.

Tipp!

Die Zubereitung von Marillenchutney ist in größeren Mengen lohnender, zumal es sich auch sehr lange hält.

Zutaten für ca. 1,2 kg
1 kg reife Marillen, entkernt und halbiert
115 g Rosinen
1 Zwiebel, fein gehackt
1 TL Korianderkörner, zerstoßen
1,5 TL Ingwer, frisch gerieben
2 EL Meersalz
300 g Muscovado Zucker (oder brauner Rohrzucker)
300 ml Weißweinessig

Mayonnaise

Eidotter, Essig, Zucker und Senf werden in einem hohen Gefäß verschlagen. Unter ständigem Rühren gieße ich langsam das zimmerwarme Öl dazu und schmecke die Mayonnaise mit Salz, Pfeffer, Cayennepfeffer und Worcestersauce ab. In einem sauberen Glasgefäß (besser als Plastik) hält sich Mayonnaise mehrere Tage im Kühlschrank.

Tipp!

Die Mayonnaise kann sowohl eigenständig als auch als Basis für andere Saucen verwendet werden.

2 Eidotter
1 Spritzer Estragonessig (oder Gewürzgurkensaft)
1 TL Dijon- oder Pommery-Senf
1 Prise Zucker
1/8 l gutes Öl
1 Prise Cayennepfeffer
2 Spritzer Worcestersauce
Salz
weißer Pfeffer aus der Mühle

Sabléteig

Die Butter wird schaumig geschlagen, Eier werden langsam eingearbeitet und die restlichen Zutaten untergerührt. Dann muss der Teig ca. 1 Stunde kühl rasten, bevor er zwischen Backpapier (weil er sehr klebrig ist) auf einem Backblech ausgerollt wird. Bei 180 °C lässt man ihn nun ca. 10–15 Minuten backen, bis er mürbe wird (das obere Backpapier vor dem Backen abziehen). Mit den Förmchen, in denen später das Sablé weiterverwendet wird, werden aus dem warmen Kuchen kleine Taler ausgestochen.

4 Eidotter
160 g Zucker
160 g weiche Butter
1 Prise Salz
225 g glattes Mehl, gesiebt
1 gestrichener EL Backpulver

Brioche

Für das Dampfl werden Zucker und Germ in Milch aufgelöst und mit dem Mehl zu einer glatten Masse verrührt. Den Teig bestäube ich etwas mit Mehl und lasse ihn zugedeckt an einem warmen Ort so lange gehen, bis er sich nahezu verdoppelt hat.

Für den Teig werden Ei, Dotter und Milch miteinander verquirlt und gemeinsam mit dem Mehl und dem Dampfl verknetet. Nach und nach arbeite ich nun die Butter ein und knete den Teig so lange durch, bis er glatt ist. Den fertigen Teig bestreue ich mit etwas Mehl und lasse ihn noch einmal für ca. 25 Minuten an einem warmen Ort gehen. Danach schlage ich ihn noch einmal kräftig durch und lasse ihn noch einmal ca. 25 Minuten gehen und fülle ihn in eine Kastenform. Mit etwas Mehl bestäubt rastet der Teig nun noch einmal, bis er sich in etwa verdoppelt hat. Mit der Eidotter-Milch-Mischung bestrichen wird das Brioche im vorgeheizten Backrohr bei 180 °C für 20 Minuten gebacken.

Dampfl
100 g glattes Weizenmehl, gesiebt
80 ml Milch, lauwarm
40 g Zucker
50 g Germ
Mehl zum Bestäuben

Teig
400 g glattes Weizenmehl, gesiebt
90 ml Milch, lauwarm
1 Ei
4 Eidotter
160 g Butter, weich
10 ml Rum
1 Prise Salz
Mehl zum Bestäuben

Zum Bestreichen
1 Eidotter
25 ml Milch

Tipp!

Wenn Sie auf den Boden des Backrohres eine kleine Schüssel mit kaltem Wasser stellen, entwickelt sich im Rohr Dampf, der dem Brot sehr gut tut. Lassen Sie das fertige Brioche auf einem Gitter abkühlen, da es sonst sein eigenes Kondenswasser aufsaugt und matschig wird.

Eis

Eidotter und Zucker werden aufgeschlagen. Milch und Obers lasse ich aufkochen und rühre sie langsam in die Eimasse ein. Unter ständigem Rühren wird die Masse nun auf 72 °C erhitzt.

In einem runden Plastikbehälter (in dem ein Schneebesen Platz hat) wird die Masse zuerst kühl gestellt (am besten über Nacht) und dann in den Tiefkühler gegeben. Nun muss sie alle 10 Minuten kräftig mit dem Schneebesen durchschlagen werden. Das wird so lange wiederholt, bis das Eis eine cremige Konsistenz erreicht hat. Abgedeckt lässt man es nun weiterfrieren und sticht zum Anrichten mit einem Esslöffel schöne Eisnocken aus.

Tipp!

Mit einer Eismaschine ist das Verfahren des Durchschlagens und wieder Einfrierens natürlich nicht erforderlich.

120 g feiner brauner Zucker
250 ml Milch
250 ml Schlagobers
6 Eidotter

Varianten

Vanilleeis

2 Vanilleschoten

Vanilleschoten in der Milch-Obers-Masse mitkochen und für 5 Minuten ziehen lassen.

Malagaeis

100 g Rosinen | 100 ml Läuterzucker | 6 EL Rum

Am Vortag wird der Läuterzucker hergestellt, indem man 50 ml Wasser und 50 ml Zucker einmal aufkochen und kalt werden lässt. Die gewaschenen Rosinen werden mit Läuterzucker und 2 EL Rum aufgekocht und über Nacht ziehen gelassen.
Gemeinsam mit weiteren 4 EL Rum werden sie dann zur Eismasse gemischt.

Waldbeereis

150 g Waldbeeren

Waldbeeren passieren und zur Masse geben.

Kürbiskerneis

1 Vanilleschote | 150 g Kürbiskernöl | 150 g gemahlene Kürbiskerne

Zu Eidotter und Zucker wird noch Vanillemark gegeben. In die Milch-Obers-Mischung kommen Kernöl und Vanilleschote, die nach dem Aufkochen 5 Minuten ziehen soll. Die Flüssigkeit muss dann durch ein Sieb geseiht werden. Vor dem Einkühlen werden die Kürbiskerne ergänzt.

Weißes Schokoladeneis

300 g weiße Schokoladenkuvertüre | 20 ml Wodka

Kuvertüre wird erweicht und gemeinsam mit dem Wodka zur Masse gegeben.

Menüvorschläge

Ostern

4-gängig

Gefüllter Seesaibling mit buntem Spargelsalat

S. 12

Überbackene Zwiebelsuppe à la Boris

S. 40

Schlögel vom Kitz mit kross gebratenen heurigen Kartoffeln, Artischocken und Kirschtomaten

S. 115

Sauerrahmsoufflé mit Waldbeereis und Honigwabe

S. 136

Weihnachten

5-gängig

Silvester

6-gängig

**Hummersalat mit Pak Choi,
Mango, Melone und Ingwerdressing**

S. 21

Kräftige Lamm-Gemüse-Suppe mit Lammroulade

S. 38

**Wachtelbrüstchen mit Gänseleber auf karamellisierten
Orangenscheiben mit Haselnüssen**

S. 78

**Gedämpfter Steinbutt mit gegrilltem Fenchel
und Zucchini-Melanzani-Gemüse**

S. 86

Rehrücken mit Kartoffelknödeln und glacierter Birne

S. 118

Quartett von der Schokolade

S. 156

Geburtstag

4-gängig

Vollkorntoast mit Kalbsbries, gegrilltem Kürbis und Curry-Jaipur-Mayonnaise

S. 72

Meine Bouillabaisse

S. 88

Geschmorte Rindsschulter mit weißer Polenta, Morcheln und Gemüse

S. 100

Marillenboggerl mit Vanilleeis

S. 132

Sommerfest

4-gängig

Gesurtes Schweinshaxerl mit Bohnen-Tomaten-Gemüse

S. 62

Kartoffel-Lauch-Suppe mit kleinem Butterschnitzel, Pancetta und Lauchstroh

S. 48

Kaninchen in Paprika mit Linsennudeln

S. 120

Erdbeer-Tiramisu

S. 147

Herbstmenü

4-gängig

Gebackene Steinpilze mit Kartoffelsalat und Remouladensauce

S. 83

Marinierter Thunfisch mit kleinem Thunfischtartar, Paprika-Nudelrisotto und kandiertem Ingwer

S. 56

Milchkalbskotelett auf Pfifferlingen mit Kartoffellaibchen und Walnusspesto

S. 96

Mousse vom steirischen Topasapfel und Kürbiskerneis

S. 154

Candle-Light-Dinner

4-gängig

Flusskrebse mit Perlgraupen und Wurzelgemüse

S. 14

Kürbissuppe mit Zimtcroûtons

S. 46

Gebackenes Lammkotelett und rosa Rücken auf Ratatouille und Bärlauchgnocchi

S. 110

Gebrannte Creme mit Heidelbeerkompott und Granité von Zitrone und Rosmarin

S. 142

Sonntag

3-gängig

Warm geräucherte Forelle mit Tiroler Erdäpfeln

S. 52

Kalbsfrikassee mit Spinatspatzln

S. 94

Salzburger Nockerln mit Ribiselmarmelade

S. 128

Register

Beilagen und Extras

Boris Brock, Nikoletta Zambelis, Alfred Miller

Alexander Gottardi

Dank

Ich bedanke mich bei meinem Küchenteam **Kai Kipfmüller, Marcel Ribis, Anna Steinkeller** und **Christoph Zangerl**, die in ihrer Freizeit zur Entstehung dieses Kochbuches beigetragen und ihre Ideen und Inspirationen eingebracht haben.

Ganz besonders danke ich meinem Küchenchef **Boris Brock**, der mir seit Jahren in meiner täglichen Arbeit zu Seite steht. Seine Mitarbeit war nicht nur für die Entstehung dieses Buches von großer Bedeutung, sondern prägt auch deutlich die Gestaltung und Zubereitung der Menüs in meinem Restaurant.

Nach 10 gemeinsamen Jahren, die ich inzwischen mit meinem Oberkellner **Hans** im Schöneck verbracht habe, gilt auch ihm mein Dank für seine langjährige Treue. Ohne seinen Einsatz im Service und für das Schöneck wäre mir meine Kreativität in der Küche wohl kaum möglich gewesen.

Die Arbeit an diesem Kochbuch wäre wohl nie beendet worden, ohne die konsequente Erinnerung von **Nikoletta Zambelis**, die mich und mein Team durch dieses Projekt begleitet hat. Für Ihre Projektleitung ebenso wie für ihre redaktionelle Arbeit bedanke ich mich von Herzen.

Vielen Dank an **Alexander Gottardi**, meinen langjährigen Freund und Lieferanten, der als Weinexperte die Weintipps zu diesem Buch beigesteuert hat.

Dank an den Fotografen **Bernhard Aichner** und seinen Assistenten **Bernhard Geiler**, die meine Gerichte perfekt in Szene gesetzt haben.

Impressum

Auflage
2016 2015 2014
4 3 2

Erlerstraße 10, A-6020 Innsbruck
E-Mail: loewenzahn@studienverlag.at
Internet: www.loewenzahn.at

Buchgestaltung und grafische Umsetzung:
Stefan Rasberger, www.labsal.at

Fotografien: www.fotowerk.at

Gedruckt auf umweltfreundlichem, chlor- und säurefrei gebleichtem Papier.

Die Deutsche Bibliothek verzeichnet diese Publikation in der Deutschen Nationalbibliografie; detaillierte bibliografische Daten sind im Internet über <http://dnb.ddb.de> abrufbar.

ISBN 978-3-7066-2509-8